倫敦の市制と市政
【昭和4年初版】

小川市太郎 著

地方自治法研究
復刊大系〔第二七二巻〕

倫敦の市制と市政

〔昭和四年初版〕

日本立法資料全集 別巻 1082

信山社

小川市太郎著

倫敦の市制と市政

大阪都市協會

小川市太郎著

倫敦の市制と市政

大阪都市協會

小川市太郎著

倫敦の市制と市政

大阪都市協會

はしがき

イギリス人は、烏渡したことにもよくワンダフルといふ言葉を使ふ。冬の日霧の間から麗かな日光が漏れたとてはワンダフルだといひ、百貨店の店飾が立派にできたからとては、ワンダフルだと嘆賞する、しかし吾等市政の研究者から見れば、世界においてロンドンそれ自身ほどワンダフルなものはない。

ロンドンは實にその大なる點において、古い點において、不可解なる點において、また中世紀時代の制度と特權をそのまゝ保存する點において、最もワンダフルなものであり、他に比類のない怪物である。そこで前年私がロンドン滯在中、この怪物の正體を捕へるべく、いろ〳〵の文獻を聚めてはそれを渉獵したのであるが、初のうちは不明の點が多いので、これが解決に苦むだのであつた。しかしそのうち市政の方面に關するものだけは、朧氣ながらも多少の光明を認めたので、大急ぎでその要點を書綴つて見た。つい忙しいのでその後長い間原稿は鞄に入れたまゝ、高閣に束ねて置いたのであつたが、この夏十日間ばかり休暇があつたので、右の原稿を整理して大阪都市協會からこれを出版することにした。この小册は卽ちそれである。

まだ意に滿たぬ點も多いけれども、もちや〳〵な多くの材料のうちから、これだけに纒めるについては、著者は少なからず骨を折つたつもりである。市政の研究者に取つて多少でも參考となることがあれば、望外の仕合である。

昭和四年八月

著者しるす

倫敦の市制と市政目次

はしがき…………一
第壹章　ロンドン市制の沿革…………一
羅馬及びサキゾン時代…………一
ノルマン時代…………五
プランタゼネット時代…………九
チユードル及びスチユアート時代…………一九
十八世紀以後…………二五
第貳章　ロンドンの區域…………二八
第參章　ロンドン舊市…………三四
舊市の特色…………三四
市長…………三六
市組合員會…………三八

市参事會……四二
市會……四三
市會の委員會及び吏員……四六
市の財政……四八
第四章　ロンドン府會……四九
府會の組織……四九
府會と政黨……五〇
府會の議事……五一
第五章　府會の委員會……五四
第六章　府會の職務權限……六二
第七章　府の財政……六五
第八章　府吏員……六九
第九章　ロンドン府の市區……七二

第十章　其他の自治體

第十章　其他の自治體……七八
救貧區聯合……七八
首府精神病院局……七九
首府水道局……七九
中央失業救濟委員會……八〇
警察ロンドン……八一
ロンドン港務局……八二
河川保存委員會……八四

第十一章　混沌たるロンドンの行政

第十一章　混沌たるロンドンの行政……八五
組織……八五

倫敦の市制と市政

第一章　ロンドン市制の沿革

羅馬及びサキゾン時代

一

ロンドンの起源は明でない。(1) たゞ今日ロンドン舊市を形造る所の河と沼澤と森林とによつて圍まれた當時の高地をば、ブリトン人は永久的の居住地としてよりは、寧ろ一時の陣營として占領したべく見ゆる。紀元四三年クロデウス帝の下に完成せられた羅馬人の侵略後、ロンドンは速に重要の地となり Augusta の資格を與へられた。ロンドンのケルト名は Llyn-din 卽ち湖上の保壘 (lake fort) であつたが、それが羅馬人の時に、Londi-nium と轉訛し後に London と呼ばるゝに至つた。ロンドンに關する初めての歷史的記錄は、紀元六一年にローマの歷史家タシタスによつて書かれたのであるが、彼はその記錄中に於て、ロンドンは Colony の資格なきも商人と商業によつて殷賑を極めた都市であると云つて居る。かくしてその後四世紀の間、ロンドンはローマ帝國中の、最も繁榮せる都市の一となつた。而して當時の住民の高き文化の程度は、後に市内に於て發掘せられた遺跡よりして想像し得られる。

ローマ時代のロンドンは、初めは今の Mansion-House の側を流れて居つたウオールブルーク河より西に擴がらなかつた。然るにその後市の城壁が完成せる頃（紀元三五〇年頃）には、その區域は著しく擴張せられ、東は今のロンドン塔の處から西はニューゲートに及び、南はテームス河より北は今のムアフヰールズの處までを包括するに至つた。後一二七五年に至つて、市の城壁はラッドゲートから西方フリートに擴張せられ、其處から南方テームス河に及び、ブラック・フレーアズの附近を包括するに至つた。ローマ時代にロンドンとサウスワークとの間に、テームス河に架つた橋のあつたことは確であるが、併し如何なる構造のものであつたか明でない。紀元四一八年ローマの軍隊の退去と共に、ロンドンは暴行と動亂の犧牲となり、その後四世紀の間全く歴史から失はれて了つた。そこで或る學者はサキゾン人の侵入によつて、ロンドンは全く壞滅に歸したことを主張し、之に對して他の學者は、ロンドンはローマ人の殖民地から、サキゾン人の領土への變遷を通じて、存續して居つことを力説してゐる。(2)

（1）ロンドンの起源は異論が多い。かくして僧正スチリングフリートは、ロンドンの基礎はクロヂウスの時より早いことはないと主張し（Origines Brit. 1685, p.43）博士グエストは、英國の都市がローマの陣營に先つものであるとの考は、何の根據もないものであると云ひ(Archaeological Journal XX iii. 180) セ・アル・グリーン亦 The Making of England に於て同じ意見を發表して居る。(p. 10) 併し之と反對にケムブルは、Cair Lunden はケーザーの時でも重要の場所でなかつたともいふ説は信せられないと云ひ（Saxons in England ii. 266）トーマス・レウキンはロンドンがローマ人の來たりし以前繁榮に達せしこと、及びロンドンはヂユリアス・シーザーによつて征服せられしカツシー・フエルラウニスの首府であつたことを信じて居る。（Archaeologia XI. 59）併し要するにLondinium はケルチツク語のLlyn-Din の拉丁化したのであつて、ロンドンはブリトン時代から既に存在せしものと見るべき十分の理由がある。然らずして、若しもロンドンが、クロヂウスの征服少し前に建設せられたものとすれば、タシタスの時に重要なる商業の中心となつて居るべき筈がない。

（２）サキソン・クロニクルは、紀元四四九年若くは五〇〇年頃外國の侵入者がブリテンに殖民せしこと、四五七年にヘンギスト及びエース〃族が、クレーフオードに於てブリトン人と戰ひケントから之を追出せしこと、敗北せるブリトン人は恐れてロンドンに遁れ、其處に隱家を見出せしことを記して居るが、其後一世紀半の間、クロニクルにはロンドンに關して何等の記載もない。そこでこの歷史の沈默よりして或る歷史家は、ロンドンは全く人影のない敗墟となつたとの見解を取つて居る。博士グエスト、ゼ・アル・ゲリーン、ロフチー、サー・ウオルターベサン等はロンドンは、一時の間無人の地となつたと信じて居る。併し如何に戰爭の慘禍が大きかつたにもせよ、一國に於て最も重要の地位を占めた大都市が俄に存在すべく止め、住民が全く影を留めなくなつたといふことは信じられない。疑もなくサキゾン人の侵入は、著しく商業を侵害し、道路の如きも恐らく近寄ることの出來ないほど破壞せられて了つたに相違ない。併しロンドンは陸路の外に、立派な水路を有して居つた。たとへサキソン人は都會を嫌ひ、ロンドンに居住すべく拒むだにもせよ、彼等は元の住民から或る貢物や若くは利益の或る分け前を提供せしめて、商賣を繼續せしめたではないかと思はるゝ。現にローレンス・ゴムの如きはThe Governance of London（1907）に於て、ロンドンが荒廢に歸したといふ說に反對し、クートも亦彼の Romans of Britain に於て同樣の說を主張して居る。

二

併しそれは兎に角、ロンドンは紀元七世紀の初め英國人が基督教に改宗せし頃より、再び重要の地となつたのであつた。即ちこの時頃より各國の商人は此處に聚落し、學問と敎化は海外より渡來し、寺院の建設と共に僧侶は大陸より來り住し、彫刻と繪畫と音樂が盛となり、ロンドン市民の文化が著しく向上するに至つた。即ち七世紀八世紀のクリスチヤン・サキゾン時代のロンドンは、先の海賊や掠奪者の横行せる時代のロンドンと異り、市民は平和を樂むと共に、商業は大にその富を持來したのであつた。然るに九世紀の初に至つて、英國にはデン人の侵入があり、紀元八三九年にはロンドンは彼等の手に落ち、その本營に當てられたのであつた。次いでサキゾンのウエセツキス王エルフレツド（後に大王）が。紀元八八四年デン人を放逐してロンドンを奪還するや、ロンドンを以て首都と定め、大に城壁を築きて防備を堅くし（紀元八八六年）、諸國の商人を招致して商業を奬勵した爲めに、ロンドンは再び繁華の巷となつた。

ロンドンの法律制度の多くは、アングロ・サキゾン時代にその起源を有するものであるが、當時の行政組織は大要左の如きものであつた。英國一般の行政組織は、郡（Hundred）のそれに類して居つたのに反して、獨りロンドンのみは、昔から縣（Shire）のそれに均しきものであつた。遠い昔からロンドンは、縣が郡に分たれたやうに、幾つかの區（Wards）に分たれ、各區には郡會に相當する區會（Wardmot）があり、區長を選むだのであつた。市の重なる行政機關は市民總會（folkmot）であつて、セントポール寺院の東隅の空地に開かれたのであつた。當時の市民總會は實に大なる權限を有して居つたので、市民總會を通過せる議案は、王の裁可なくして市の法律となつたのであるが、たゞこれを全國に適用せしむるの必要から王の手許に送附せられたのであつた。この外にロンドンに於ては、僧侶と領主とが區會と相對して、市の內部とその周圍に横はる特權區域內に、專屬的の裁判權を行つて居つた。而して此等の私の裁判權は市民の權力の增加と共に次第に衰頽するに至つたけれども、當時は確に一方の勢力であつた。斯くしてアングロサキゾン時代の末頃、ロンドンは幾つかの區と邑と敎區と地主領から成つて居つたのであるが、綜合的に此等全体を代表せるものは市長（Portreeve）と僧正（Bishop）とであつた。(3)(4)

（3） Hallum, Middle Ages, ch. viii, part. iii. notes;

（4） Taswell-Langmead, English Constitutional History. p. 20.

ノルマン時代

一

ノルマン人の英國征服以來、ロンドンは大にその權力と特權を增した。かくしてウヰリアム征服王が英國を征服して一〇六六年（クリスマスデー）ウエストミンスター・アッベーに於て戴冠式を行ふや、彼はロンドン市民の降服の代償として、市民一にの特許狀を與へたが、この特許狀に於て彼は(一)親しく Bishop の William と Port-reeve の Godfrey とロンドン內の凡ての市民を歡迎すること(二)エドワード懺悔王當時の法を尊重して渝らざるべきこと(三)凡ての小兒は父の亡き後その權利を繼承すべきこと(四)如何なる人も市民に對して如何なる種類の非行と雖も、これを命ずべく許されざることを誓つた。これは英國に於いて市に對する王の最初の特許狀であつて、極めて重要視すべきものである。ウヰリアムがロンドン市民にかゝる特許狀を與ふるに至つたのは、一は市民中に早く征服王に對して歸順の意を表したノルマン人系の要素があつた爲めであるが、モウ一つの理由は、ウヰリアムが當時ロンドンの富と地位から考へて、無條件降服が至難であると信じた爲めであつた。以て如何にロンドン市民の勢力の大なりしかを知るに足るであらう。とはいへウヰリアムは市民の意の儘に委かす如きことはなかつた。彼は直ちにロンドン塔を修築して、市民にその威を示したのであつた。而して之と同時に塔に沿ふて、多くの寺院、修道院、その他の石造の建物が、頑丈なノルマン式で建られるべく初めた。次いでウヰリアムルーフアスは、ロンドン塔の周圍に城壁を築くと共に、ロンドンブリツヂを再築し、併せてウエストミンスターホールを建設した。(5)

それよりロンドンの勢力は次第に增加し、ヘンリー一世の時(一一〇〇年)に至り、ロンドン市民は王から第二の特許狀を得るに至つた。而してこの特許狀はロンドン市の特別の法と、特別の裁判所と、特別の慣習を最も明確に承認し、且つロンドン市民は彼等の祖先の如くチルテルン、ミツドルセツキス及びサツレーに狩獵するの權利を有することを規定すると共に、ロンドンは他の都市との貿易に於て課稅を免ぜられ、若し他の都市がロンドンの商品に課税する場合には、その市からの商品に課税することによつて報復することを許したのであつた。次いでヘンリー一世の死後、ロンドン市民はステフエンから一百銀マルクを支拂ふことの代償として、彼等の執行官(Sheriff)を選擧するの權利を得たのであつた。(6)

(5) Hirst. London, p. 56 (Verfassung und Verwaltengs-Organisation der Städte. Leipzig. 1908)

(6) ibid, pp. 56—57.

二

以上の如くノルマン征服以後、ロンドンは王權に服することになつたが、それでもそれ自身の法律と行政組織を失ふことはなかつた。かくして羅馬化せる英國が、サキゾンの部落的組織に落ち、次いでサキゾンの英國がノルマンの封建制度に從へられた時でも、ロンドン市民は頑强にその自治的慣習と獨立の態度を保持すべく努めたのであつた。(7)

ノルマン諸王がロンドン市に與られたる特許狀及び特權は、大部分封建制度からの除外と、エアルフレッド、エゼルスタン及びエドワード懺悔王の法の享有を存續すべきことの許可であつた。エーゼルスタン(紀元九二五年—九四〇年)時代の有名なるロンドン市の律令を見ても、既に千年前に於てロンドンの市に屬する僧正(Bishop)と市長(Reeve)とが、此等の律令を議決して遵守すべく誓ひ、且つ此等律令中にはロンドンの the "free gilds" によつて、市民に對する掠奪と暴行を防止する爲めに、無數の決議を列記して居るのを見るのである。サキゾン法の下に於ては、ギルトは各組合員の寄附から成る一の社團であつて、ギルドはその共同の資金を以て組合員を保護すると共に、その損失に對して之を愼補するのであつた。しかるにノルマン時代になつては、他の都市に於ては王が氣紛れに新な免許を與へた所から、此等市民の自由組合は繼續すべく苦むだのであつたが、たゞロンドンのギルドだけは、昔の特許狀の保障の下に繼續し City Hall が Guild Hall と呼ばるゝに至つたほど、それが市の政治組織と混同した爲めに、その命脈を維持することが出來たのであつた。(8)

ローレンス・ゴムは、エゼルスタンの法律は獨りギルドの存在を示すものであるのみならず、ロンドン市民の自治と、ロンドンの法とサキゾンの法の衝突を示すものであると云つて居るが、之は恐らく至當の見解であらう。アングロサキゾン及びデン人の諸王の下に於て、ロンドンは王國の殘のものから離れて、或る點に就てはローマーの municipium に類する組織を以て自治團體として取扱はれたのであつた。かくして原則として市の奉行は市民によつて選擧せられたのであるが、時としては王によつて任命せられたのであつた。而して當時大なる權力を有した僧正はカンタベリーの大僧正によつて任命せられたのである。(9)

當時のロンドンの人口と富は、恐らくローマー時代よりも劣つたのであつたらう。しかしそれにしても尙ほその權力と資本は著しきものであつたらしく、吾れ〳〵はサキゾンクロニクルに於て、しば〳〵王がロンドン市民の同意を以て王位に即いたことの記事を見るのである。エドワード纖悔王の下にアングロサキソンの法は修正せられ整頽せられ、ノルマンデーのウヰリアムの下に、英國の地方に於て自由の多くは失はれたが、獨りロンドン市民だけはよく昔の自由と特權を保存することが出來た。實にベサントの云へる如く、凡ての時を通じてロンドンは歐洲の如何なる他の市よりも遙に多くの自由を享有したのであつた。ロンドンの市政の歴史は凡ての攻撃に對してその自由を維持し、而してます〳〵これを擴張して、難攻不落となすべき絶えざる苦闘の歴史であつた。ロンドン市民は自負心に富むでロ八釜しく、且つ彼等は自身の力について自信を有してをつた。それ故に彼等は王以外に領主を戴くことを拒み、は嘗て候伯の支配を受けたことはなかつた。(10)

（7） Hirst. p. 54
（8） Ibid.
（9） Ibid.
（10） Walter Besant. London, p. 75

プランタゼネット時代

一

紀元一一五四年から一四八五年まで、英國はプランタゼネット王朝の下にあつたのであるが、この時代は英國の國政に於ても、最も多事多難を極めた時代であつたので、ロンドンの歴史も頗る變化と波瀾に富んで居る。併し先づ市政上に起つた重要事件は、一一九一年にジョン（後の王ジョン）が、リチャード一世の不在中、ルウエンの大僧正及び王の攝政に諮り、ロンドン市民に彼等の"Commune"を許したことであつた。コーレンス、ゴム等の解釋に從へば"Commune"なるものは『市民による共同的自治の權利』即ち古の請求權の再保證、古の權利の復活を意味するものであり、昔の言葉を籍りて云へば『ロンドン市民は彼等の市長以外に王を有しない』といふのである。（二）

（二） Hirst. p. 58

二

之に次いで注意すべきは、一一八九年にヘンリー・フキッツアルウキンが、ロンドン初代の市長に選擧せられたことである。前にも述べし如く、以前ロンドンには Portreeve なる主長があつて市政を統轄したが、茲に至つて市長（Mayor）が Portreeve に代ることになつたのである。フキッツ・アルウキンは一二一二年彼の死に至るまでその職に留つたが、これは英國に於て市長なる職名の歴史に現はれた初めてゞある。次いで一二一五年王ジョンはロンドンに與へたる第五回の特許狀に於て、市民に年々市長を選擧するの權利を確保した。この特許狀によると「ロンドンの貴族即ち金持"Barons"等は彼等自身市の政治に忠實にして適當なる人を年々市長に選び、かくして選ばれる人を王に（王不在の時は攝政）に推擧し得ると共に、彼等の希望によりて一年の終にその人を罷免するとも、又は彼を再選するとも、それが王（王の不在中には攝政）の認許を得るに於ては適法である」といふのであつて、一般市民に市長選擧の權を與られたのではなかつた。市の古い記錄によると、その特許狀にはロンドン市長は貴族のうちから貴族によつて選ばれなくてはならぬことまでも附記せられてをるので、當時の市長は何處までも貴族的性質を帶びたものであつたことは明である。(2)

(12) Hirst. p. 57

三

然るに之より先きロンドンに於ては、一三〇〇年に廿五人の市民がある事務に關して、市長を補佐すべく宣誓の上、選擧せられたるものを見るのである。故に若し此等の廿五人の補佐役が、後に各區から選ばれた市參事會員(Aldermen)の先驅を爲すものでありとすれば、ロンドンに於ける市政の基礎は、この時に至つて完成せられたものといふことが出來るのである。スタッブス等の見解によれば、サキソン時代市內に於ていろ〱の特權を有せる昔の貴族が漸次消滅し、市民の代表者が之に代つたものであらうとのことである。それは別問題として、Aldermen なる職名は、ヘンリー二世の時代には、職業ギルドの親方に適用せられたものであつたが、ヘンリー三世の時代には、早くロンドン市に廿五の區(Ward)が現はれて、Aldermaneria なる名稱は、Warda と同樣の意義に用ゐらるゝことになり、市長の補佐役たる區民の代表者は、Aldermen として知らるゝに至つたものでないかと思はれる。かくして王ジヨシの治世の終前に、ヨーク、ウヰンチエスター、リーン其他の都市は、彼等の市長を有し、市長を有せざる都市も、其處には人民の選擧若くは領主の推薦による地頭（Bailiff）があつて、地方裁判所を主宰して居つた。それであるから英國に於て、市長及び市參事會員によつて代表せらるゝ如き市政の組織は、十三世紀の初に於て發達したものと見ゆる。(13)

(13) Stubbs, Cont. Hist. vol. iii. p. 580

四

かくして十三世紀のロンドンの行政機關としては、第一に市民總會（folkmote）があつた　而して此等の市民總會は鐘を鳴らして觸れ廻るベルマンの鐘の音を聞いて、セント・ポールの寺院の庭に集合したものであつた「市の古文書には、市民總會のことを Immensa Communitas Civium と云つて居る。市民總會は市民の代表機關として王から取扱はれしのみならず、それはまた團體の資格の表象として、共同の印章を所有し、それなくして市民團體は財產の處分その他法律上の行爲を爲すことを許されなかつた。(14)

(14) ヘンリー二世か共治世の第三十三年目にロンドンに與へた第六回の特許狀中には、ロンドン市長と市民總會のことを記し、共同の印章の下に都市團體の條例を作り得ることを認めてをり、更に同王の第九回の特許狀に於ては、商法に言及し、商品に關する訴訟は、其處に出席する四人もしくは五人の市民により、市區及市場に於て、商法によつて決定しなければならぬことを記載して居る。而して當時ロンドンに於ては、これ等の訴訟を決する爲めに、市民が年寄を選び、スチールヤードのドイツ商人に商法を適用するために、一人の特別な市參事會員（外國の言語習慣を熟知せる）を任命することが、通常であつたらしい。（Hirst. p. 59）

五

ロンドンの行政機關には尚ほこの外に、市長と二十五區の市參事會員《アルダーメン》と二人の執行官《ヒリッフ》とがあつた。而して此等は何れも選擧による高級吏員であり、市長は市參事會員若くは市參事會員と市の豪家(15)によつて選擧せられ、王の承認を要したのであつた。市參事會員(16)は各區の區民によつて選擧せられたのであることは明であるが、執行官の選擧に至つては疑はしい。併し執行官の選擧は、多分各區の四名若くは六名の代表者と共に、市長及び市參事會員によりて行はれたものらしく見ゆる。而して執行官の選擧も市長と同樣王の承認を得なければならなかつた。市長及び執行官の任期は一年であつたが、一三一九年まで市長は一般に永くその職に留まるのを例とし、この年に至りてまた再び年々新に選擧せらるゝことになつた。執行官も實際に於ては引續きその職に留まるのを例としたが、一二二九年の條例によつて、これも二年以上その職に留まるのを許されないことになつた。

（15）當時ロンドンには市參事會員の外に令狀その他の公文書に “barons of London” “worthy men,” “the wiser and discreeter” として記せられた一の階級があつた。而して彼等は商賣によつて資産を造つた富裕者であるが、この階級は十三世紀を通じて市會及び市の裁判所に於て優勢なる地位を占むるに至つたのであつた。A. H. Thomas. The Government of the City (The City of London. The Tmies Book p. 3)

（16）市參事會員はもと區の平和の維持と軍隊の組織に關して責任を有し Husting に於て法律を宣言したのである。エドワード一世の時に、市參事會は市民に對する課稅以外、市の立法に關して大なる權限を與られ、かくして市政の重要なる機關となりし以來、それが十七世紀の後半まで續いた。而してこの時代に於て、市參事會の記錄が集積して山を爲すに反して、市會の記錄の極めて貧弱なるは、之れが爲めであつた。市參事會員は、エドワード三世の第廿八年まで一年毎に改選せれたが、この年に至り市會は理由なくして在職中市參事會員を罷免すべからざることの條例を通過し、リチャード二世の時に至り議會の法律によつて確認せられた。その時以來ロンドンの市參事會員は終身職となり、その制度が今日まで續いて居る。（Ibid.）

六

ロンドンの市政は、この時代以上の如き行政機關によつて行はれたのであるが、それが絶えず兩方の側から脅かされ、しば〳〵窮危に陷つたのであつた。一方に於ては、王は金を得る目的から或る罪過を口實として市制を停止し、市長に代ゆるに Custos と稱する官吏を以てした爲めに、市の獨立は一時中絶の姿となつたのに加へて(17)、また他方に於ては、富まずして怒り易き平民（Commons）の一團が、市長及び市參事會員の勢力を嫉視し、市の役員選擧に參加し、且つギルドホールに於て行ふ彼等の支配階級の政治に容喙するよりも、更に多くの權利を要求せる爲めに、市政は著しく混亂狀態に陷つたのであつた(18)。

（17）一二五七年にヘンリー三世は、イーヴシャムの戰爭に於て、市民が貴族方に黨せし故を以て、ロンドンの市制を停止し王の官史であるところの Custosをして市の行政を司らしめた。そこでロンドン市民は王の怒を宥るるために三萬ポンドの罰金を王に拂つた。これが爲めに市民は僅に執行官を選擧するの權利を復活したが、市は依然として王の Custos の下に置かれ、市長なしに續いた。翌年ロンドン市民は Custos の代りに、二人の bailiff を選ぶの權利を與られたが、一二七〇年までは市長を有することが出來なかつた。然るにその年に至り、ヘンリー三世は、市の運上を增額する條件で、漸くロンドンに昔の市制の復治を許すことになつた。更にエドワード一世の時に至り、ロンドン市長が、王の巡回裁判から免れるべく企てたことの廉を以て、一二八五年から一二九八年までの間ロンドン市民の自由は王の手に取上げられ、ロンドンは再び Custos によつて始めらるゝことになつた。(Stubbs. Const. Hist. iii 588-589.)

一二四九年ウエスト・ミニスターの僧院長の請求に係る權利に關して、市長及び市參事會員が、テムプルに於て裁判に立會つたときに、平民等は全市民の參加なしに、裁判を行ふことの不法であるのを主張した。かくして市民の支配階級と被支配階級との間の爭闘は止むときがなかつた。……次いで一二七五年ロンドンに於て市長の選擧に關して激烈なる爭が起つた。一方市參事會員及びより多く思慮ある人々は、フヰリツプ・ド・テーラーを市長に推さんとし、之に對して平民黨は退職せんとしつゝあるウォルター・ハーヴエーを市長に選擧せんとした。之に於てか市參事會員等は、王に對して市長及び執行官を選擧する權利は、當然彼等に屬するものであることを主張し、之に對して平民黨は彼等は the Communa of the City であり、從つて選擧は彼等の權利であることを宣言した。この時王は死の床にあつたので、王の顧問等は代つて之れが仲裁を試みることゝなり、先づ双方の候補者を撤回せしめ、平和にして公平なる選擧が行はるゝまで臨時 Cuscos を任命し、兩派から五名づゝの代表者を出して、之に市長の選擧を一任すべく決定した。而して選擧の行はるゝ前に王が崩御したので、グロスター伯はロンドン市民多數の意嚮がウォルター・ハーヴエーを市長に擧ぐるにあることを察し、王の顧問府に說いて、市參事會員にその旨を諭示することになつた。そこで市參事會員も之を承諾し一年の期限を以てハーヴエーを市長に推薦することになつたが、翌年その任期の滿了と共に、市參事會はアンリー・ル・ワレーを市長を選擧した。之に於てか前任者と後任者との間に激烈なる紛爭が起つたが、結局その後に至り市參事會員等は、王の顧問府の提携により平民黨を抑ることになつた。(Stubbs. 589—590)

七

然るにその後商人ギルドの發達するや、市政の實權は先づ商人團體の手に移り、市の行政機關は商人ギルドと全く混同するに至つた。かくしてギルドから除外せられた市の平民階級は、セントポールの境内に開かれた市民總會に於て、氣勢を揚げたけれども、十四世紀の初年寺院の境內が閉鎖せらるゝに及むで、市民總會は集合するべく止み、一般市民は市政に關して昔の如く發言の自由を有せざるに至つた。それでも尙ほ市の平民黨の一部がその後もギルドホールに於ける集會に列席せしものゝ如く、一二七五年以後の記錄を見ると、ギルドホールの大きな集合のことを、市長、市參事會及び多數市民の Congregation として記載して居る。たゞ議事を靜肅に混雜なしに通過せしむるために、出來得る限り無權限の人々を除外する方法を取つたのであるが、その後間もなくこの方法も廢されて、市長及び市參事會員に忠言を與ふる爲めに、各區の自由民から一人もしくは數人の代表者を召集することが慣習となり、この集團が發達して後日の市會となつたのであつた。(19)

八

而して之と同時に一方には職業ギルドが發達した。職業ギルドは初めのうちは、もぐりのギルドとして、主として商人ギルドから選ばれた市の役人から壓迫せられて居つたが、その後次第に勢力を增加し、エドワード三世の御世の終前には、此等のギルド若くは Companies は、商業と市政の上に完全に優越權を占むるに至つた。かくして一三四六年の命令によれば、市の議決機關は極めて代表的であり、各區はその年會に於て、その大さに從つて共同の利益について協議する爲めに、八名、六名、四名の代表者を選擧しなくてはならなかつた。而して之と同時に凡て役人の選擧は、特別に召集せられた各區から十二名、八名、六名の代表者の同種の集合に於て行はる、ことになつて居つた。卽ち市政の議決機關は市民の常設機關であり、選擧會議は臨時召集せられた人々から組織せられたのであつた。換言すれば市會の議員及び選擧會の成員の資格は、たとへ當時自由民は既にギルドの組合員と密接に結び付けられて居つたとはいへ、單に自由若くは公民權を有することであつた。然るに一三七五年以後に至り、市會議員は、會社(Companies) によつて推薦せられねばならぬ。而してかく推薦せられた人は、市會と選擧會に參列せねばならぬことが定められた爲めに、會社の成員でない夥しい多數の市民は、全く市の權力から除外せられて了つた。尤も市民は尙ほ市參事會員を選擧する權利だけは有して居つたけれども、それは餘り重要のものでなかつた。更に一三八四年に至り市會議員の選擧權は區民に移つたが、併し選擧會の議員の選擧權は依然會社に殘された。し

かも大なき會社が選擧に關して專斷的權力を肆にしたのは、この時頃からであつたやうに見ゆる。(20)

(19) Thomas. p. 3—4.
(20) Stubbs. iii. 593—594.

九

次いでエドワード四世の七年に、市長及び執行官の選擧は各種のギルド(mysteries)の親方、年寄と共に市會に於て行はれねばならぬことが規定せられたが、更に同王の十五年に至り、市會の條例によつて市長及執行官の選擧機關が擴張せられ、市長の選擧には以上ギルドの親方及び年寄の外に、組合の正直なる人は協同して制服を着けて現はれねばならぬことになり、市の重なる役人の選擧は全く Liverymen の手に歸するに至つた。

Liverymen とは、ヘンリー四世の法の下に、各種の組合の規則によつて、仕着を着ることを許された人々を云ふのである。かくして此時に至り、市會議員と市參事會員(終身)のみは、區民によつて選擧せられたけれども、市長、執行官、その他市の重なる役人は、市會とリヴアリーメンによつて選擧せらるゝこととなり、それが今日まで續いて居る。以上は實に十一世紀に於て發生した世襲的特權の非組織的聯合から、組織的結晶に向つて進んだロンドン市政の大體の經路である。卽ち富豪と平民とが長い結果なき爭鬪を續けた舞臺を通じて、商人階級が優越權を得、遂に今日の如きロンドンの市政の基礎を築くに至つたのである。(21)

(21) Stubbs. iii 595—596.

潮見佳男

2017年改正・2020年施行の改正法を解説

新債権総論

法律学の森

新法ベースのプロ向け債権総論体系書

2017年（平成29年）5月成立の債権法改正の立案にも参画した著者による体系書。旧著である『債権総論I（第2版）』、『債権総論II（第3版）』を全面的に見直し、旧法の下での理論と関連させつつ、新法の下での解釈論を掘り下げ、提示する。新法をもとに法律問題を処理していくプロフェッショナル（研究者・実務家）のための理論と体系を示す。

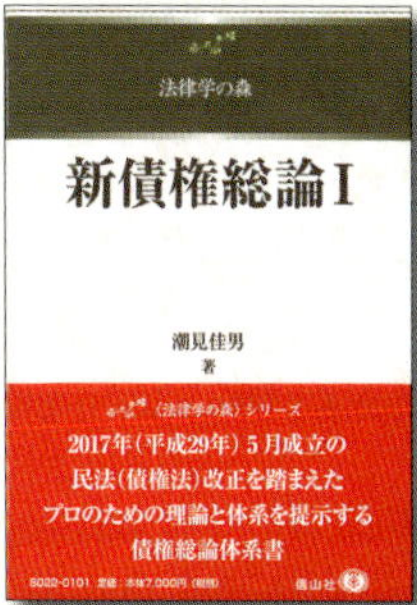

I巻では、第1編・契約と債権関係から第4編・債権の保全までを収録。

A5変・上製・906頁
ISBN978-4-7972-8022-7
定価：本体7,000円＋税

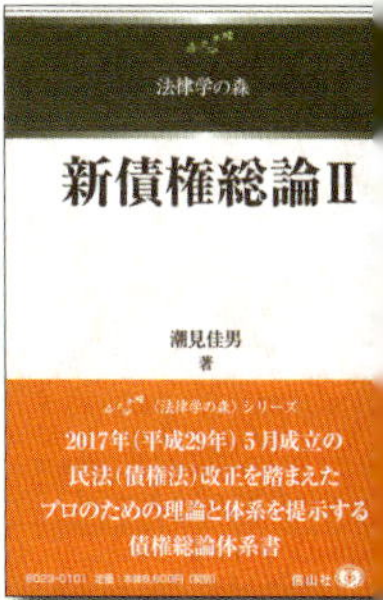

A5変・上製・864頁
ISBN978-4-7972-8023-4
定価：本体6,600円＋税

II巻では、第5編・債権の消滅から第7編・多数当事者の債権関係までを収録。

〒113-0033 東京都文京区本郷6-2-9-102 東大正門前
TEL:03(3818)1019 FAX:03(3811)3580 E-mail:order@shinzansha.co.jp
信山社
http://www.shinzansha.co.jp

チユードル及びスチユアート時代

一

チユードル時代は、英國に於て最も王權の伸張せる時代であり、且つ大に外國貿易の發展を見た時代であつて、これが爲めにロンドンの富と繁榮はます〳〵重要のものとなつた。併し當時は議會も地方も中央の權力の爲めに抑壓せられた時代であつたので、ロンドンの市政の上にも大なる活躍を見ることがなかつた。無論この時代に於てもロンドンに對して多數の特許狀の下附を見たのであるが、それは要するに以前の特許狀の說明や細則に過ぎなかつた。(22)

當時ロンドンの重要事件としては、その一は宗教改革に伴ふ寺院の解散とその財產の沒收であつた。一五三八年國教に屬せざる僧侶は海外に追放せられ、宏大なる寺院の富とその所有は、いづれも沒收せられたが、此等の或るものは學校と病院に改造せられ、他は市の會社に賣却せられた。しかし大なる多くの土地と建物は、市場に投げられて個人の手に渡り、その取得者等は之を分割して市內に家屋を建築した。而して之れが爲めにロンドンの郊外發展は一時大に阻害せられたと云はれてゐる。當時は職業組合が市內に行はれた商賣に關して絕對の統制權を有して居つた時代であり、組合に屬せざるものは、勝手に商賣を營むことを許さなかつたのであるが、ヘンリー八世は組合員でも自由民でもない外國人に對して、商業上の特權を與へた爲めに、市民は激昂して王に反對し、その極一五一七年"Evil May-Day"として知らるゝ反亂となり、組合員の一團は大擧して外國人の居留地を襲擊するの大騷動を演ずるに至つた。

尚この外にも、この時代に王室取引所(Royal Exchange)の設けられたのは、記念すべき一の出來事たるを失はない。當時ロンドンに於て最も富める高賈はグレシアム家であつて、王室の御藏元を勤めると共に、海外貿易によつて、ロンドン市の繁榮に貢獻する所非常に多かつたが、一五六六年サー・トマース・グレシアムはロンドンに取引所(bourse)を設立し、一五七一年以來それが the Royal Exchange として知らるゝに至つた。西班牙のアルマダの襲來に際して、一五八八年ロンドン市民が戰鬪員と軍需品を滿載せる二十隻の船を英國艦隊に寄附し、セントポールの寺院に於て催されたエリザベス女王の參列せる戰捷の祈禱式に、市長、市參事會員、市會議員等が、最高の盛裝せる組合員に伴はれて出席せることも、一の花々しくもまた壯烈な歷史的事實として傳ふるに足る。

(22) Hirst, 66

二

スチュアート王朝の最初の王ジェムス一世の時に、サー・ヒュー・ミットルトンは、ニュー・リヴアーからロンドンに給水する計畫を完成した。ロンドンに初めて水道の出來たのは(タイバン河よりチプサイドまで)一二八五年のことであるが、その後一五八五年にはピーター・モリスがテームス河から市の東端に至る水道設備に成功するあり、更にジエムス一世の時に至り、ミツドルトンがクラケンウエルにニユーリーヴアーから水を供給する貯水池の工事を竣功するに及むで、ロンドンの水道は先づ大成するに至つた。ストライプの説に依れば、一七二〇年ロンドン市の下には鉛管の水道が通り、一年の家賃十五ポンドもしくは二十ポンドの家屋はいづれも專用水道を有し、小さな家屋は附近の共用栓から飲料水の供給を受けたとのことである。(23) この時頃ロンドン市は、王の要求によりリヴアリーコムパニーと共同してアイルランドの北方に Ulster Plantation を設けたり、ヴアジニアの殖民地を遣つたり、いろ〳〵の事業を經營して居る外にも、王の市長に對する依頼に應じて、王に軍隊の供給までもして居る。

(23) Hirst, 65.

三

内亂の間と十七世紀を通じて、市とリヴアリーコムパニーは、王の御用金とその他の誅求によつて、ひどく惱まされた。初め市長はチャールス一世に對して大に同情を表してをつたが、王が議會にをいて民黨議員の五人を捕へやうとした非立懇的企圖は、自由を愛するロンドン市民の援助を失はしむるに至つた。王は議會に於て目ざす捕物を逃がしたところで、一六四二年正月五日ギルト・ホールに現はれ、市中にかくまはれた五人の議員の引渡を要求したが、市會は斷乎としてこの要求を拒絕した。而してその時から市は議會擁護に轉換することになつた。グロスター市が重圍に陷るや、一六四三年九月ロンドン市は訓練せる軍隊を應援に送りその圍を解いたので、これより戰爭は議會側に有利に轉換した。チャールス一世の査問に際し、五人の市參事會員はその査問委員を命ぜられたが。しかし市には少數ながらも最後まで王黨があつたので、彼等はチャールスを死刑に處する宣告に調印しなかつた。戰時中ロンドン及びその郊外は、一六四三年王黨の攻擊に對して防禦工事を施したが、幸にして包圍を免れた。かくしてロンドンはエルフレッド大王以來今日まで嘗て征服せられたことのない都市として續いた。

この時代に於て、ロンドンの市制上最も注意すべきは、Imspeximus Charter として知らる・大特許狀が、チャールス一世によつて、市に與られたことである。それはノルマン征服後以來ロンドンに與られた特許狀を列擧してこれを確認し、而して凡ての自由の慣習を復活したもので、極めて重要のものである。この特許狀は、市長、市裁判所の判事《レコルダー》、及び嘗て市長たりし市參事會員（aldermen who "have passed the chair"）並に未だ市長たりしことなき三名の古參市參事會員が、當然市の治安判事たるべきことを規定すると共に、ウエスト・スミスフキールドその他の市場を包括する市內の或る土地は、市民の公有であるべき旨を規定した。爾來何人も市の區域から七哩の範圍にに於て、市場を經營することを許されないやうになつたのは、この特許狀によつたものである。(24)

(24) Hirst, 67.

四

王政復古はロンドンに取つて幸福の日であり、チャールス二世は市に對して、甚だ親愛の意を表し、しば／＼ギルドの招宴に客となつた。しかるに一六六五年六月ロンドンは恐るべき悪疫の襲撃を受けた。之より先一六〇三年と一六二五年にロンドンには悪疫が流行したが、この年に至り更にこれが猛襲を見るに至り七ケ月の間に九千八百八十八の人命を奪はれた。而してその當時に於て、これはロンドンの全人口の殆んど十分の一に當つたといはれてをる。次いで又直ぐロンドンには大なる災厄が起つた。卽ち一六六六年九月二日日曜日の朝早くロンドンに大火が起り、僅に東北の一隅を殘したのみでロンドン城内を燒き盡し、西方チャンセリレーンにまで燃へ擴がつた。而してこれがために、一萬三千二百戸の家屋と八十九の寺院の外に無數の美術品が破壞せられ、その全損害高は千七十三萬五百ポンドと評價せられてをる。これはこの時代の住民に取つて、非常な災厄であつたに相違ないが、これが爲めに悪疫の種子を根絶する上において効果のあつたことは疑ない。大火後市を再建するについて、二つの立派な設計が現はれた。一は卽ちクリストファーレンの設計であり、他はジョン・エヴリンのそれであつた。しかし市街を改造して舊敷地以外に家を建てるについては、市民の執拗な反對があつた爲めに、何れの設計も實行せられずに終つた。

然るに此等の二つの困難に次いで一六七二年に恐るべき財政上の打撃が來つた。それはチャールス二世が外國の借金を返濟するために國庫を閉瑣し、百三十萬ポンドの御用金を、ロンドンの商人に命じたのであつた。これが爲めに富裕なるロンドンの銀行家中にも蕩産せるものも少なくなかつた。これに次いでチャールス二世は、市が勝手に市場税を徴收したといふ口實の下に、一六八三年に令狀（Quo Warranto）を以て市の特許狀と自由を取上げて了つた。卽ち王は王座裁判所に於て、判事をして市の違法行爲のために、市の特許狀を沒收すべきこと宣告せしめ命に從はざる市長及び市參事會員を罷免した。之に於てか市と市長の權利は、一六八八年までまた改めて停止せらるゝことになつた。しかしそれにも拘らず、チャールス二世が一六六三年に、凡ての市の特許狀の本文と看做されておる Graud Iuspeximus Charter を市民に與へてをるのは面白い事實である。(25)

(25) Hirst, 68.

五

次いでゼームス二世もロンドンに對しては、チャールス二世と同一の政策を取つたのであるが、一六八八年オレンジ・ウヰリアムが英國に上陸せんとしつゝあるとの報を聞くや、彼はロンドンの特許狀を復活すべきことを條件として、市民の援助を得んとしたが遂に及ばなかつた。次いでオレンジ・ウヰリアムが擧げられて王位に即くや、議會はチャールス二世の令狀に記せられたる判決及びその場合王チャールスの取れる手續は違法且つ專斷である旨を規定せる法律を通過した。而してこの法律は、平民市長及び市民は、市自治體（a body corporate）であり、如何なる口實の下にも、勝手に除外されもしくは追放せらるべきものでないことを規定した。而してこれはロンドンの市制に取つて最後の歷史的大事件であつた。(26)

名譽革命後區會及び市組合員會の選擧手續並に市參事會及び市會各自の權限に關して爭が起つたが、それは一七二五年の法律によつて決定せられ、ジョージ二世の法律によりて修正せられた。次いで同王の時に、凡ての市參事會員は市の治安判事たるべきことの特許狀が發せらるゝに及むで、今日のロンドン舊市の市制は完成せらるゝに至つた。(27)

(26) Hirst, 69.
(27) Ibid.

十八世紀以後

一

英國では一七一七年頃から投機熱が盛となり、保險、海運、造船、礦山、工業等の各方面に亘つて、株式會社の濫設を見るに至つたが、一七二〇年その反動として恐慌の襲來するや、財界は未曾有の大混亂を來たし、英蘭銀行の如きもその信用を維持することが困難となり、ロンドンの商人中には蕩產者相次ぐに至つた。

これはロンドンに取つて經濟上極めて重大であつたが、之に次いでロンドンには政治上最も注意すべき事件が起つた。それはロンドン市と議會との爭鬪であつた。一七七二年までは英國の議會は秘密會なりとせられ、法律及び租稅に關して議會に於て述べられた意見の報告を公にすることは、議會の特權を侵害するものであると見られてをつた。然るにこの年に至りロンドンの或る新聞紙が從來の慣例を破つて、議會の議事を新聞紙に公表した。之に於てか議會は令狀を發して、其新聞紙の記者と出版人を逮捕した。然るに當時ロンドンの市長ブラッス・グロスビーは市參事會員の一人であるオリヴアーと協議の上、以上の記者と出版人の釋放を命じた。そこで議會は之を以て議會の特權を侵害するものであるとして、市長と市參事會員をロンドン塔の獄に投じた。之に於てかロンドン市民の憤怒は極度に達し、又輿論の同情は全國各地から翕然として二人の身邊に集つた。かくなつては議會も之を如何ともすることが出來ず、六週間後議會の閉會と同時に、遂にこの二人を放免するの已むなきになつた。グロスビー市長等の出獄の當日、市參事會員と市會議員は盛裝してロンドン塔の門に之を迎へたのみならず、ターワー・ヒルに於て二十一發の祝砲を發して祝意を表した。爾後新聞紙は公然議會の議事を報告することになり、議會も之に對して何等の干涉を試むることなきに至つた。一七八〇年ローマンカゾリック救濟法の議會を通過するや、熱狂せる國敎徒はジョージ・ゴルドン卿の下に叛亂を起してロンドンに侵入し、市の大部分を占領して牢獄を破壞し、外國公使館を初め多くの官衙を燒く等狼籍を極めたが、五日の後三百人の暴徒を殺すことによつて叛亂は遂に鎭定せられた。

尙ほこの時代に於て注意すべきことは、リヴアリーコムパニーの衰頽である。これは國民經濟の發達はギルドの如き狹隘で排他的な組織の存在を許さなくなつた爲である。かくして十九世紀の初頃にはロンドンのリヴアリー・コムパニーが各種の商工業について統制權を行ふべく止むだ。從つて市の行政上に於ける制服會社の勢力は大に衰へ、市内の有力家の多くは漸次市政と關係せざることになり、制服會社の特權に對する非難の聲は大に高まつた。しかし幸にも此等の制服會社が巨額の蓄積金を投じて、工業技術の改良と工業敎育の振興に貢献した爲めに、十九世紀の晩年に至つては、大に市民の信用を博し、今日に於ても制服會社の大なるものは、その商賣に關して社會の不平を買ふことなく、昔ながらの特權を行使しつゝある。

二

ロンドンに於て最も立派な街路や建築物の出來たのも、十八世紀の後半のことであつた。Mansion House, Horse Guards, Somerset House, Bank 等の建築せられたのもこの時代であつた。更に十九世紀に入つてからは、その進歩が著しく、造幣局、稅關、ウォタールー橋、ロンドン橋、バッキンガムの宮殿、ポストオッフキス、ブリテッシュミュジアム、ナショナル・ギャラリー、國會議事堂、新な裁制所等の建設を見るに至つた。しかしこの頃に起つた一新事業は、一八〇七年に於ける瓦斯の點燈の開始であつた。一七一六年前ロンドンの街燈は極めて不完全であつた。その年に至り法律によつて各家主は夜六時から十一時までの間、門燈を揭ぐべきことを命ぜられたのであつたが、それでも夜のロンドンは暗黑を免れなかつた。然るに一八〇七年に瓦斯の街燈が採用せらるゝに至つて、初めて玆に現代式都市の光明を認めることになつた。而してこの時代からロンドンは、盛に廣い大道路や立派な大建築の工事に着手したので、世界に於ける最大都市の面目を維持することになつた。

十九世紀の最後、二三十年間にロンドンでは交通機關の大なる改良と發達を見るに至つた。タワーブリッヂの築造、ブラックウオール及びローザーハイトのテームス河底隧道、地下鐵道の建設、路面電車の敷設等はその顯著なるものである。尙ほこの外にもロンドンには十九世紀の初に、ニユー・オックスフオード街とリゼント街、後にはフアリントン街、クヰンヴクトリア街、オックスフオード街とオールド街とを連續する大道路、次いではシヤフツバリー及びロースベリーアヴエニユー、チエリングクロッス・ロード、最に最近に至つては有名な不健康地區を改造して、キングスウエーを築造し、ストランド街及びフリート街の擴築を見るに至つた。

第二章　ロンドンの區域

一

ロンドンはもとローマ時代の城壁內に包容せられたる狹小な市邑に過ぎなかつた。しかもその狹小なる區域すらもが、以前は人家を以て掩はれたのではなく、土地の大部分は、富者の邸宅と、制服會社（Livery Company）の會議所と、寺院とこれに附屬する廣濶な庭園によつて占領せられて居つた。然るに一五三七年から一五三九年までの間に行はれた修道院の解散により、此等の寺領の多くが私人の有に歸し、爲めに著しく市民の住宅を增加するに至つた。

尤もその以前からロンドンは城壁外に侵出すべく始めたのであるが、郊外發展の勢の顯著となつたのは、十六世紀以後のことであつた。そこで一五八一年エリザベス女王の時に、政府は命令を發して市の城門より三哩以内に家を建ることを禁じ、チャールス一世の時にもまた同様な禁令の發布を見るに至つたのであるが、これ等の禁令は所期の目的を達することは出來なかつた。それはロンドンの繁榮に加へて、ホワイトホールの宮殿と議會とが全國から貴族と田舍紳士を、ロンドンに引付けた爲めに外ならなかつた。而して此等の貴族や田舍紳士の或るものは市の區域内に居住したが、他の多くのものは市とウエストミニスターとの間に邸宅を構へて、其處に生活したのであつた。次いで又富裕なる市民は東方に進出して、ベスナルグリーン、ハックニーその他の村落に邸宅を設くることになり、この方面も又市街地を形成することになつた。然るに十七世紀以後、ウエスト・エンドに於て、漸次各處に廣場が設けらるゝことゝなり、十八世紀の初頃よりこれ等の廣場を中心として、その周圍に多くの邸宅と人家が建築せられ、附近の路傍には各種の店舗が榮へたが、しかしロンドン北方の郊外のみは、尙ほ未開地のまゝに殘つたかくしてイスリントンは、一七〇八年には僅に三百廿五戸の人家を有する村落であり、一七五四年にそれが增して九百三十七戸となつたのみであつた。シチー・ロードは一七六〇年に開鑿せられたが、これも長い間淋しい田舍路として存して居つた。その他モンターグ・ハウス（今のブリテッシュ・ミユジアム）の背後の土地は、一七五六年の頃までは、一帶の畑地であつて、その年に其處に新道路を造らんとする計畫のあつたとき、ベットフォード公を初その借地人等が猛烈に之に反對して居るのを見るのである。

次いで十八世紀の半頃からロンドンの商人の西方への移動が起り、ハルトン・ガーデンの邊までが大賈巨商の住宅地となつたが、十九世紀の前半に於ては一般のロンドン商人が、市中の店舗を離れて郊外に生活することになりウエスト・エンドの商人も亦これに倣ふに及むで、ロンドンの市街は潮の押寄する如く四方に擴がり、公園と廣場を殘して、殆んど息吐く隙もない程に煉瓦と石造の家を以て今日の廣大なる區域を塡むるに至つた。

二

以上の如くロンドンなるものは、ロンドン市（City of London）と稱する昔の商業都市と、ウエスト・ミニスターに於ける政治的首府を中心として、商業上及び社會上各種の原因から、無限に發達した都市であるが、その發達が急激であつた爲めに、ロンドンの政治組織はこの社會的進化に伴ふことが出來なかつた。これが爲めにロンドンは渾然たる一大都市になつてからも、長い間一つの權力の下に統一せられることなく、各種各樣の小自治体がその裡に連接對峙して、各自獨立の自治權を行つて居た。それであるからロンドンなるものは、實質的には統一した一體ではあるが、改革前に於ては大中小の都市と村落と寺區との集合に過ぎなかつた。そこで之れが改革の第一歩は先づ市民共同の利害に最も重要の關係ある警察について採られた。卽ち一八二九年にサーロバート・ピールの行つた首府警察の創設がそれである。(1) 併しこれはロンドン首府の警察を內務大臣の直轄としたもので、自治行政の改革に屬するものではなかつた。

次に改革の第二歩は一八五五年に至つて主として衞生の取締殊に下水道の開設の爲めに取られた　かくして同年首府工務局(the Metropolitan Board of Works)が設立せられ、之に與ふるに下水道の幹線を造り、道路橋梁を改築し、消防を管理する權限を以てし、且つ順次に其の權限を擴張した。首府工務局の管轄の區域は、當時の市街區全部に跨つたが、その權限の範圍は比較的狹く、ロンドンを組織する各自治体は、その區域內に獨立の權限を行つて居つた。斯くしてロンドンにはロンドン市の外に、殆んど三十の大きな寺區と寺區會があり、少さな寺區の聯合には十三以上の地方廳がなり、その上にも三十に近い救貧管理局があり、しかもその區域は犬牙交錯して居つた。(2)

首府工務局は有用な多くの事業を爲した。卽ち先づ下水道の工事に着手して略ぼ之を完成したのを初めとし、テイムス河堤を築造し、市內の混雜區域を整理して、交通機關の爲めに道を造つたのであつた。併し首府工務局は直接人民から選ばれた人によりて組織せられずして、その四十六人の委員は市內種々の寺區會、その他の地方廳から選ばれたものであつた。之れが爲めに首府工務局は非常に不人望となつたと共に、工務局の實權はつまらぬ人の手に落ち、終にその委員の二名が土地の買收に關して、腐敗行爲があつたことが暴露せらるゝに及むで、同局は非難の的となつた。丁度その時議會は全國を通じて選擧による議員を以て、地方の縣會(County Council)を組織することを考慮して居つた際なので、ロンドンをもその計畫中に包含せしめることになつた。(3)

(1) Lowell, The Government of England. ii. 202.
(2) Ibid, 203.
(3) Ibid.

かくして一八八八年の法律は首府工務局を廢止し、首府工務局の權限と義務をロンドン府會、(the London County Council) に移すと共に、縣に於て縣會に與へた新たな權限を之に附加した(但し舊ロンドン市を除いて)併しロンドン府會の行政區域は、首府工務局の區域と同一であつた。而して今尚ほ變更せられずに殘つて居る。今日の行政ロンドン(the Administrative County of London)は即ちそれである。然るに其後ロンドンの人口は夥しき勢を以てその區域外に擴つた。即ち中部の人口は年々減少して行くのに反して、周圍部の人口は年を追ふて激增するに至つた。

一八八八年の法律は昔から存する寺區會及び地方廳に變更を加ふる所がなかつた。併しこれ等改革に對する要求が次第に强くなつた。而して市民は追々ロンドンの如き尨大な都市は、他の都市のやうに一つの權力の下に置かれることが不可能である。從つ同一の組織を有する或種の都市連盟制を採用するの必要なることを痛切に感ずるやうになつた。そこで一八九四年自由黨内閣の下に、ロンドンの改造に關して委員會が設けられたのであるが、同委員會の意見もこれと同一であつた。併し何程の權限をロンドン府會に與へ、又如何なる程度に於てロンドン舊市の特權を保存すべきかに關して、自由黨と保守黨の間に意見が一致しなかつた。然るにこの問題が決してないうちに自由黨内閣が去つて、保守黨内閣が之れを引續くことになつたが、その政策は一八九九年の法律となつて現はれた。

一八九九年の法律は、全然舊市の特權に手を觸れることなく、ロンドン府の殘りを二十八の市區に分ち、之れに與ふるに新たなる權限を以てした。然るにこの後一九〇二年に至りて、首府水道局が新設せられ、一九〇三年に學務局が廢止せられて、その權限は府會の手に移つた。[5]

かくして現在に於てはロンドンなるものは次の如くなつて居る。即ちロンドンの中央に一平方哩强（六七三エーカー）の面積と、夜間僅かに二萬の人口を有する舊ロンドン市があつて、倫敦市廳(the Corporation of City)之を支配して居るが、その周圍に百十六平方哩の面積と四百四十八萬の人口（一九二一年）を有するロンドン府があつて一つの舊市と二十八の市から成り、ロンドン府會之を支配して居る。ところでロンドンには更らにその周圍に多くの自治体（普通之れを"Outer London"と云つて居る）があり、ロンドン府と合して首府警察行政の區域（the Metropolitan Police Area)を形造つて居る。普通大ロンドン(Greater London)と稱するものは即ちこれであつて、六百九十三平方哩（四十四萬三千四百四十九エーカ）の面積と、七百四十八萬の人口を有して居る。併しこれは一つの行政區域であつて自治体ではない。而してロンドンには尙ほ此外にも、首府水道局（the Metropolitan Water Board）中央刑事裁判所の管轄區域（the Central Criminal Court District）ロンドン幹線下水道區域（the London Main Drainage Area）ロンドン港管轄區域（the Port of London Authority）等があつて、從橫に出入交錯して居るので非常に煩はしい。それであるから同じ英國の大都市であつても、リーズ、マンチエスター、リヴアプール其他の大都市は、救貧管理局の手に屬する救貧行政を除いては、凡ての行政事務は市會によれて行はれるのであるけれ

ども、獨りロンドンのみは各種事務の管理と權限は、多數の自治体と機關に分れるので、頗る複雜を極めて居る。(6)

(4) 英國に於て County Council と云へば地方の縣會のことであるが、ロンドンの County Council はその他の地方の縣會とは大にその性質を異にするが故に、特に之を府會と稱することにした。併し名は府會と云ふもの丶、ロンドンの府會はその實他市の市會に相當するものである。たゞ之を市會と稱するときは、ロンドン舊市の市會と混同するの虞あるを以て、府會と稱することにしたに過ぎない。

(5) Lowell, ii. 205.

(6) Swann, London Citizensdip; pp. 6-11. London Governmedent(Municipal Year Book),Moncrieff, London. pp. 1 seq.

第三章 ロンドン舊市

舊市の特色

一

ロンドン舊市(The City of London)は、帝國中の帝國("Imperium in Inperio")と云はれただけあつて、他の都市に絕へて類のない歷史的特權を有すると共に、世界に類のない地位を占めて居る。ロンドン舊市の區域は僅かに一半方哩に過ぎないが、これにも拘らずこの小さな舊市が全然他と獨立して、恰も中世の都市のやうな完全な自治權を行つて居るのは、實に一つの奇觀である。斯くして市は自己の裁判所を有し、市長と市參事會員は、市長公舍（Mansion House）と市廳舍（Guild Hall）に開かるゝ民事刑事の裁判に列席する外に、オールドベルーに開かるゝ中央刑事裁判に列席して裁判を聽取するのであるが、市は又更に全然他と獨立して、自己の警察費を以てその區域內の警察權を行つて居る。(1)

（1）一九一八年までは市は警察費の全部（警察費の四分の三は市民により四分の一は市の基金より支辨した）を負擔し、英國の他の自治体の如く毫も國庫の補助を受けなかつたが、一九一九年の警察法により國庫から四分の一の補助を受くることになつた。(the Municipal Year Book., 1925)

二

倫敦の市會は他の市の市會と異り單に議決機關たり、行政機關たるに止まらず、中央政府若くは議會と全く關係なく自ら市の法律を作るのみならず、遠く市の區域を越へてロンドンに入つて來る凡ての穀物に課税したり、或は大ロンドン內に於ける凡ての市場を管理監督したり、或は市の區域の內外に於て多くの學校や公園若くは橋梁を經營する等、實に絕大の權能を有して居る。かくして市は一つの下水道（之れは行政ロンドンの事務）を除いては、行政ロンドンと同一の權限を有する外にも、多くの大なる特別の權限を有して居るのである。加之ロンドン舊市は

ロンドン港の衛生行政廳であつて、グレブセンドの附近にあるデントンに傳染病院を有し、ロンドン港の檢疫を行つて居る。(2)

(2) ロンドン市は市の區域外に於てエッピング・フォレスト、ワンステッド・パーク、ウエストハム・パーク、クンキス・パーク等の森林や公園を所有する外にも、ビーリングスグートの魚市場を初め、スミスフイルドのロンドン中央市場、デットフォールドの海外家畜市場及び屠場、イスリンドン首府家畜市場、リーデンヘッドの家禽市場、スピタルフキルドの野菜市場スミスフキルドの秣市場等を管理して居る。殊に面白いのは市がメルシヤ會社と共同してグレシヤムの基金を管理することであつて、市と同會社は之を以てローヤル・エキスチエンジを維持し、且つグレシヤム大學を經營する外にも、ブリクストンに於て八箇所の慈善病院を維持して居る。その他市はジョンカーペンターの遺贈によつて、女學校を經營し、更にその隣の建物に於て有名なギルドホール音樂學校を經營して居る。(The Municipal Year Book. 1925)

市長

ロンドン舊市の行政機關には市長、市參事會、市會、及び市組合員會がある。市長(Lord Mayor)は毎年九月廿九日市廳舍に於て、市組合員によりて選擧せられる。市組合員は後に述ぶる如く市の昔のギルド若くはコムパニーに屬する組合員を云ふのである。

ロンドンに於ても他市の如く、市長は市會に於て選擧すべきであるといふ意見は、以前から市民の間に一段に行はれて居り、一八五四年に選ばれた議會の委員會も、市長は市會議員の資格ある人々のうちから、市會に於て選擧せられねばならぬことを強く主張して居るが、今日に至るもそれが實現せられない。

市長は市の首班として市參事會及び市會を統轄して居るが、ロンドンの市長は歷史的に國內の如何なる官吏よりも高い地位を占めて居る。市長の選擧は國王の裁可を得なくてはならぬが、一端市長となれば市長はナイトの待遇を受け、時としては男爵を授けられる。市長は在職中閣下 "the Right Honorable" の尊稱を受け、議會に於て閣員席に着し、市の特權に關する討議中議會に參列するの權利を有する。國王の崩御に際しては市長は公式に報告を受け、且つ之を市民に報告する義務を有する。新らしい國王の卽位に際しては、市長は其宣誓式に臨み、戴冠式に當りては大膳職（Chief Butler）として之れに參列する。市長は又市內に於ける總督（Lord Lieutenant）であつて、晝夜ともに倫敦塔に出入する特權を有し、日々豫め同塔に出入する相言葉について報告を受ける。市長は市の奉行であるのみならず、市の裁判官としてオルドベレーの中央刑事裁判所に出席する。出席と云ふよりは、市長若くは市參事會員の列席なくしては、中央刑裁判所の開廷が出來ないことになつて居る。それであるから市長はロンドン市が、長い歲月の間の過去國王の特權に對して得た市の自由と獨立を代表するものであると云ひ得られる。(1)

市長は在職中市長公舍（Mansion House）に住し、外國の貴賓が倫敦滯在中ギルドホールに於て贅澤な餐宴を張るのを例とし、その外にも十一月九日 "Lord Mayors Day" に於て、內閣大臣以下を招待して善美を盡せる宴會を催することになつて居る。その他にもロンドン市長は慈善その他各種の寄附金の募集に際して、筆頭を勸めなくてはならぬのでその失費は莫大である。それであるからロンドン市長はたとへ二萬磅の交際費を市會から得るにしても到底その費用を購ふに足らない。從つて餘程の金持でない限りロンドン市長は勤まらないので、市長の選擧に際しては競爭を見ることは殆んど稀である。(2)

(1) Swann. London Citizenship pp. 15―16.

(2) Ibid.

市組合員會

一

ロンドン市には市會、市參事會の外に、市組合員會 (the Court of Common Hall) と稱する他に類のない機關がある。而してそれは市長、市參事會員、奉行の外に、凡ての市組合員 "Livery Men" から成り、毎年市參事會員の中から、二名の市長候補者と、市奉行及び市財部長等を選擧する。而して組合員會の選むだ二人の市長候補者から市參事會は一人の市長を定める。これは實に倫敦市特有の制度であつて、これを理解する爲には市組合員會の何たるやを知る必要がある。

"Livery Men" なるものは昔のギルドの遺物に外ならない。ギルドの何たるやは玆に詳細に説明する限りではないが、要するにこれは商工業の技術と秘密を保護する目的の爲めに設けられた組合であつた。斯くして貴金屬の細工人と商人等が Goldsmith Guild を造り、酒商は Vintners Guild を造り、裁縫商は Merchant Tailors Guild を造つたのであつた。而して若し組合員中に不正を働いたものがある場合には、その組合より厳重に處罰せられたのである。而してこれ等の組合員は職業によりて各員に一定の仕着せ "Livery" 卽ち制服を着せた爲に、エドワート三世以後此等の組合は "Livery Company" と呼ばるゝに至つた。

此等の組合はその組合員の製作品に關して嚴重なる檢査を行つて品質を保護すると共に、一つの友誼的團体として、その組合員の病者、貧者、老弱者の世話を焼いたのみならず、此等の組合には親方 (Master) 年寄 (Wardens) 等の役員があつて、主人と雇人の爭を決し徒弟の資格を定めた。こう云ふ風にギルドが段々に重要になつて來たので、英國ではエドワード三世以來、市の自由特許はギルドの組合員に與らるゝことになつた。(1)

(1) Swann, pp. 28—29.

二

各組合は組合員の便宜の爲めに、何れも立派な建物を有し、組合員は共に此處に會して食事しながら商賈上のことを相談した。然るに商業が盛んになり、組合員が富むで來るに從つて、Guild Halls は商賈上の會合よりも、寧ろ盛んな宴會場となつて了つた。斯くして組合が富むにつれて、それが國王の注意を惹き、財政の裕でない國王は組合から金を借り、その代價として組合に各種の特權を與へた。然るに一六六六年のロンドンの大火に際して、各組合は貸金の證文も王の特許も全部燒失して了つたが、ゼームス二世の時に至つて、新たに又昔の特許と特權を許され、各組合は又元の地位に復した。

ところで十九世紀の初頃よりして組合は漸次その勢力を失ひ昔の面影を見ることが出來なくなつた。それは一つは産業革命後の急激なる倫敦の工業の發達と、徒弟制度の廢頽に原因するものであつた。併し今日でもロンドン市には七十七の組合が殘つて居つて、多くの收入を有し、その金を教育と慈善の目的の爲に使つて居る。而してその最も重要なのは布地商組合(Mercers')青物商組合(Grocers')婦人の服裝用品商組合(Drapers)魚商組合(Fishmongers)金細工商組合(Goldsmiths)皮商組合(Skinners)裁縫商組合(Merchant Taylors')婦人服裝附屬品商組合(Haberdashers')塩取引商組合(Salters')鐵器商(Ironmongers')酒商組合(Vintners)織元組合(Clothworkers')の十二であつて、年の總收入は六十二萬五千磅に達すると云はれて居る。而して此等の組合は專ら工業教育に力を注ぎ、一八七八年に the "City and Guilds of London Inslitude" を設立したが、(2) それが今日のロンドン大學(the Imperial College of Science and Technology)の基礎を爲すに至つたものである。

一九二四年の統計で、市組合員は八千九百八十三人あるが、彼等は市の境界から二十五哩内に居住するに於ては市長長候補者を選擧する外にも、市から選出する二名の代議士を選するの權利を有する。而して組合の會員たることによりて、初めて市の自由民たるの資格が得られるのである。然らば如何にして組合員たるの資格が得られるかと云ふに(一)市の習慣に從つて一定の期間或る組合員に奉行したか(二)或は家督相續によりて親の權利を取得した

か(三)或は一定の金を寄附して市民の自由を買取ることによりて得られるのである。(3)

(2) Swann. pp. 29—30.

(3) Ibid. p. 32.

三

殊に驚くべきは、ロンドンには此等の組合の或るものが、今尚ほ不思議な特權を行使して居ることである。此の特權は昔王の特許狀によりて與へられ、後に至りて法律を以て確保せられたものであつて、之れが今日依然として昔の儘に殘つて居る。例へば魚商組合である。此の組合はロンドンブリッヂ北西の宏壯な建物の内にあるが、組合はビーリングスケートの魚市場及び首府魚市場に主張して、其處で賣つて居る魚の良否を檢査し、不良な魚を取上げてこれを賣つたものを處罰する權能を有して居る外に、未だ保護期にある鱒や牡蠣を賣つたり、或る大きさに達しない海老や蟹を賣つたものを處罰する權能を有して居る。(4)

次は金細工の組合であつて、その事務所はロンドンの中央郵便局の附近の立派な建物内にある。而してこの組合の歴史は實に古く、一一八〇年以來貴金屬商の不正を避ける目的の爲めに續いて來たのである、從つて金銀細工の品質を監督し、之れに刻印を押すのがその主たる職分であつて、今日も尚ほ續いて之を行つて居る。金銀細工に押すこの組合の割印（之れを hall mark と云つて居るが）は英全國を通じての品質の標準を示すもので、政府で貨幣

を鑄造する金屬でも（Goldsmiths' Hall に持つて行つて、檢査と證明をして貰ふことになつて居る。（5）

それからもう一つは鐵砲商の組合であつて、ロンドン及びロンドンから十哩以內の凡ての鐵砲、ピストル其の他を檢査して之れに證明の刻印を押す權能を有して居る。之れは一六三七年チャールス一世から與へられた特權であるが、其の後一八六八年の法律によりてこの組合は外國から輸入する小さな武器を檢査することになつで居る。（6）

（4） Swann. p. 33.
（5） Ibid. p. 33—34.
（6） Ibid. p. 34.

市參事會

ロンドン舊市の市參事會は、市長と共に廿六人の議員より成る。ロンドン市は各種選擧の目的の爲めに廿六の區に分れて居るが、市參事會の場合には、その內二十四の區から一人づゝの市參事會員を選擧し、あとの二區で一人を選擧する外に、もう一つ市外の區("Bridge Without")があつて一人の市參事會員を選擧することになつて居る。（1）

市參事會員は初めは一年の任期を以て選擧せられたものであるが、リチャード二世以來それが終身職となり、その制度が今日まで續いて居ることは前述の如くである。市參事會員は昔の區の長であり支配者であり、大なる權力を行つたが、今日では區會を召集し之を主宰するに過ぎない。而して市參事會員は職務上當然市の治安判事となり市長と均しく司法權を行ふ。併し以上の點を離れて、市參事會が一般行政に關して有する權限は、酒類の販賣に關して免許を與へるくらいのことで餘り重要でない。唯彼等は同時に市行政の實際の中心たる市會議員である點に於て重きを爲すのみである。(2)

（1） Lowell, vol. ii p. 208. foot note.

（2） 市參事會は市の警察の奉行所 (the Bench of Magistrates) であつて、各市參事會員は治安判事として市廳舍及び市長公舍に於て警察裁判所を主宰する權限を有する。尙ほこの外に市參事會員は Old Bailey に於ける中央刑事裁判所の委員であつて、その裁判に陪席するけれども、自ら訊問を行はない。市參事會員は市の警察を處理し、區の選擧についての事を決し、自由民（市組合會員）を認許する。而して尙ほ詳しく云へは、市長及參事會員の奉行としての職務は左の如くである。市長は市の東部分の凡ての警察事項を聽問する爲めに、每日市長公舍 (Mansion House) 內の裁判室 (the Justice Room) に出席し、之に對して市參事會員は、市の西の部分の警察事故を取扱ろ爲めに一週間交代に市廳舍 (Guild Hall) の裁判に出席し、尙ほこの外にも一年八回ギルドホールの巡回裁判に出席するのである。(Sulamn, p. 17.)

市　會

一

市會は市長及び二十六名の市參事會員と、二百六名の市會議員 (Common Councillors) より成る。市會議員は市參事會員と均しく、廿七の區に於て選擧せられるけれども、市參事會員が終身である代り、市會議員は每年十二月廿一日（セント・トーマス・デー）に於て改選を行ふ。併し事實極めて稀な場合を除いては、大底再選せらるゝことになつて居る。(1)

市會は首府の他の市區よりは遙に優つた獨立の權限を有して居る。斯くして市會はそれ自身の警察を維持する外にも、ロンドン府會が他の市區の上に行ふ多くの事務についての管轄（例へば橋梁、道路の交通及び改良、檢屍官精神病院、感化院、不健康地區、勞働者住宅、危險營業の取締等に關するもの）から除外せらるゝ。尤も市も或る事務、例へば下水道の幹線、路面電車、消防、初等教育等に關しては、ロンドン府會の管轄に屬し、水道に關しては首府水道局の支配を受くることになつて居るが、その他については他の特別市の有する凡ての權限を有するのみならず、その境界から七哩以內にある凡ての市場を管理し、及びロンドン港の衛生行政廳たるの特權を有することは前に述べた如くである。而してこの外にも市はそれ自身救貧區聯合を組織して、救貧行政の爲めに救貧管理委員を選擧する。(2)

（1）Swann, pp. 12—18.
（2）Lowell, vol. ii. p. 209.

市會はそれ自體と各種の委員會によつて、市の職務權限を行ふのであるが、その本會議のことを "the Court of the Lord Mayor Aldermen and Commoners of the City of London in Common Council assembled" と云つて居る。而して市會の成立する爲には市長若くはその代理と、少くとも二名の市參事會員と四十名の市會議員が出席しなくてはならぬ。その外にも市の裁判所の主席判事、次席判事、市收入役、市會書記長、裁判所書記等が出席するのを例とする。執行官も亦出席を許さるけれども、投票權を有するのは、市長、市參事會、市會議員のみである。(3)

三

ロンドンの市會が、如何に絶大の權限を有して居るかは、その條例制定權によつても、之を明にすることが出來る。他市の場合に於ては、市の條例が法律に抵觸せるときは、無効であることは云ふを待たない。併しロンドン舊市の場合に於ては之と相反し、市會の制定した條例がよし國の法律に抵觸したとしても、それが市の慣習を代表するものである以上、有効とせらるゝのである。何となればロンドンに於ては、慣習はその土地の法律であり、普通法に對して例外を爲すものと看做されて居るからである。以上の理由並にエドワード三世の特許狀がある所から、高等裁判所も市の條例に對しては他の市の條例に比して、特別の待遇を與へることになつて居る。(4)

市會は市の財產に關して無限の統制權を有し、百ポンドを超過する金額は市會の協贊なくして支拂を許されないと共に、市の不動產處分は市會の承認と其共同の印章によつてのみ行ひ得ることになつて居る。市會は市會書記長治安書記、檢屍官、議會の委員會等に於ける市會の代表者である所の Remembrancer 等の役員の選擧を行ふのであるが、選擧は擧手の方法によつて行はるゝので、特許の要求のない限り投票を用ゐない。役員の資格は自由民に限られ、一年の任期を以て行はるゝ。しかし通常再選せらるゝを例とする。(5)

(3) Hirst, p. 73.

(4) Ibid., p. 74.

(5) Ibid.

市會の委員會及び吏市員

一

市の重なる事務は、各等の委員會を通じて行はれるのであるが、委員會の種類は殆んど三十ほどもある。併してそのうち最も古く且つ最も重要なのは、橋梁家屋地所委員會(the "Bridge House Estates Committee")であつてロンドン、サツレー、ケント、エセツキス等にある市有地を管理し、その收入を以て現にロンドンサウスワーク、ブラツクフレーヤーズ、ターワー等の橋梁を建設した外にも、サウスワークの橋を改造し、新たにセントポール橋を架設せんとしつゝある。次は石炭、穀物、財政委員會(the Coal, Corn and Finance Committee)であつて、穀物石炭野菜の賣買に關して、課税の事を司つて居る。第三はロンドン司法委員會（the Law and City Courts Committee）であつて、市長の裁判と及びロンドン市の裁判を監督する。元來ロンドン市はずつと昔から自身の裁判所を有し、民事刑事の事件を取扱つて來たが、今日でも中央刑事裁判所と、ロンドン市の民事裁判を取扱ふ所の市長の裁判所と、及び小さな民事訴訟を受理する所のロンドン市の裁判所は、市會の所管する所となつて居る。(1)

しかも、不思議なことには、ロンドン市の中央刑事裁判所の管轄は、遙に市の一區域を越えて遠く行く行政ロンドンの外に、ミツドルセツキス、エセツキス、サツレー、ハートホオルドの一部を包容する面積四百二十哩人口六百五十萬人の區域に渉つて居ることである。而して其の裁判所はオルドベーレーにあり、その建物は市の管理維持に係り、一年十二回開廷するのであるが、同裁判所の裁判官は高等法院の判事（the Judges of High Court）、市長、市參事會員ロンドン市の裁判所の判事（Recorder Common Serjeant）等から成つて居る。市長の裁判所はロンドン市内の民事々件を司り、權限と資格に於て高等法院に對等し、市廳舍内に開廷せられ Recorder 此主席判事となる。ロンドンの裁判所は、百ポンド以下の貸借事件を取扱ふもので、市廳舍の附近の建物に於て開廷せられる。(2)

（1） the Muniapal Year Book, 1925. p. 262.
（2） Swann. p. 24.

二

ロンドン市に於ける市の重なる吏員は、凡ての事務について首位を占むる市會書記長（Toron Clerk）と、警察の首腦たる警察總長（Commissioner of Police）と市の首席裁判事官たる Recorder と市の會計の首席たる Chamberlain とロンドンの中央刑事裁判所と、市長の裁判所に於て次席判事を勤む Common Serjeant と、法律の手續執行の任に當る City Solicetor 等であつて、市會に於て選擧せられる。

市の財政

市の歲入は一九二一年―二二年の統計に據ると、二百四十六萬三千百五十三ポンドであつて、之をいろ〳〵の目的に使用して居るが、市の財政に關して特別なことは、財產收入が歲入の大部分を成すことである。即ち市には純然たる市有の不動產があつて、それから六十五萬千七百十八磅の收入金を擧ぐるのみならず、その外にもブリッヂハウスの財產とか、或はグレシアムの財產の如きギルドに屬する財團基圓の收入あつて、それから二十二萬七千百八ポンドの收入を擧げて居る。尙ほ此外に市の歲入の重なるものを擧ぐれば、市稅百十五萬五千七百五ポンドと、國庫補助の十七萬四千八百八十であるポンド等。(1)

（1） London Statistics（1923―24）p. 355.

第四章　ロンドン府會

府會の組織

ロンドン府(London County Council) 即ち行政ロンドン (Administrative London)は、一八八八年の法律によりて設けられた百十六平方哩の面積と四百五十萬の人口を包有する區域の一般的地方行政を司る自治體である。併しロンドン府を組織する所の一のロンドン舊市と廿八の市區《バロー》(このうちウエストミンスターみのはシチーと稱して居る)は何れも獨立の自治體であるから、ロンドン府なるものはその實一の大なる都市聯合に過ぎない。茲に注意すべきことは、英國に於て County Council なる言葉は、自治體たる府縣の意味にも又府縣會の意味にも兩様に用ゐらるゝことである。但し London County Council は適當の譯字なき爲め、ロンドン府又はロンドン府會と譯するも、その實行政ロンドンの市會であることは、前述べた如くである。

ロンドン府會は百廿四名の議員より成る。府會議員はその區域内に於ける六十の選擧區から各二名、ロンドン舊市から四名の割合を以て、他市と同一の條件により、三年の任期を以て選ばれる。而して府會はそのうちから六年の任期(三年毎に半數交代)を以て廿名の府參事會を選擧すると共に、併せて又府會議長を選擧し、議長、府參事會員、府會議員を合して府會を組織する。府會議員の選擧及び被選擧に關しては、婦人も亦同一の權利を有し、府會議員、府參事會員は再選せらるゝ塲合が多い。

府會と政黨

行政ロンドンの府會に於ては、政黨の色彩が他の市に比較して一層鮮明であつて、市政改革黨 "Municipal Reformers" と急進黨 "Progressives" と勞働黨 "Labour" とが對立して居る。市政改革黨と云ふのは、中央の保守黨に屬する黨派であり、以前は "Moderate" と呼むだが、今日では市政改革黨と稱して居る。市政改革黨は主として資本家の代表であつて、その主張は社會黨の事業及財産の公有説(Public Ownership)若くは公企業の市營(Municipa Trading)に極力反對することにあるのである。即ち市に新なる義務を負はしむる如き凡ての企に反對し、出來得る限り納税者の負擔を輕減せんとするのが、この黨の重なる政綱であるのである。然るに之に對して急進黨(the Progressive Party)は、中央の自由黨系統に屬するものであり、公企業の市營主義擁護を以て、市政改革黨と對抗し來つたのであるが、一九〇七年以後自由黨の勢力失墜と共に次第に凋落し、今日に於ては全く無力のものとなつて了つた。ところで急進黨に代つてロンドン府會に地歩を占めたのは勞働黨であつた。ロンドンに勞働黨の初めて組織せられたのは一九一四年のことであつた。而してその目的は議會とロンドンの府會に勢力を扶植する爲めであり、且つその政綱は都市社會主義の實現にあつた。初めのうちは勞働黨は微々として振はなかつたが、その後次第に勢力占め、今日では保守黨に取つて恐るべき敵となつた。昨年三月行はれたロンドン府會の改選の結果に見るも左の如くである。(1)

	一九二八年	一九二五年
市政改革黨(保守黨)	七七名	八三名
勞働黨	四二名	三五名
急進黨(自由黨)	五名	六名

即ち勞働黨は以前自由黨系に屬する急進黨の占めた地位を奪つて保守黨系の市政改革黨とロンドン府會に於て相對峙して居るのであるが、それでも尙ほ市政改革黨は絕對過半數を占めて居る。

(1) 一九二八年三月九日の London Times 參照

府會の議事

一

ロンドン府會は特別の事情のない限りは、毎週火曜日の二時に開會することになつて居るが、ロンドン府會の議事は日本の市會等に比して、大に異るものあるを以て、そのうち參考に値するものを、議事細則 (London County Council. Standing Orders of the Council and Reference to Committees Revised to March 26th. 1907) 中より摘出して茲に掲げることにする。

ロンドン府會の議事に於て吾人の注意を惹くものは、前會の議事錄(Minutes of Previous Meeting)の訂正である。ロンドンの府會では、前會の議事錄の寫は府會の開會廿四時間前に、議員の手許に配布せらるゝのであるが、府會の開會に際しては、先づ第一に之れが訂正について議員に質すのが例となつて居る。無論之に關しては議論も動議も許さない。單に誤を正すのみである。次に面白いのは請願(Petition)の處理である。それは市民から府會に對して請願のあつた場合に、その事件に關係ある當該委員會は、その請願書を受理した後に、請願の代表委員を引見してその陳情を聽き、之を府會に報告するのである。而して若し府會が之について考慮する價値ありとて認めた場合には、請願委員を府會に列席せしめる。但し請願委員の數は十人を超ゆることを許さない。又特に議員から質問のあつた時以外、そのうち一人しか說明の任に當るを許さない。而して請願委員の退出せる後に於て、府會は之れが採否如何を決するのである。

第三は入札の公示"the opening of tenders"である。ロンドン府會では、五萬ポンドを超ゆる凡ての入札は、議長によりて府會に公示せられ、その儘關係委員會に付議せられることになつて居る。尙ほ府の財產處分及び賃貸に關する凡ての入札も、土木委員會(the Improvements Committee)に付託せらるゝ前に、府會に於て公示せられなくてならぬことになつて居るが、この場合には入札者の名前のみが公示せられる。尙ほ入札に關して重要な規定は、府會の關係委員會が最低値段にあらざる入札者に落札せんとするときは、府會に諮る前に先づ總務委員會(the General Purpose Committee)に協義しなくてはならぬ。而して之と同時にソリシターは、最低價格の入札者の資格を調査し、それが不十分ありと信じた場合には、その次の低價入札者の資格を調査し、十分の結果が得られるまで調査の歩を進めて、之を委員會に報告するのである。

二

第四は委員會の報告"reports of committee"である。緊急事件を除くの外、凡て委員會の報告と勸告は、府會の開會前少くとも四十八時間前、印刷に附して府會の各議員の手許に郵送せらるゝのであるが、各議員はこれについて當該委員長若くは報告者に質問を發し得るのである。而して若し府會が之に同意すれば、それが府會の議決となり、否らざれば修正又は否決せられることになる。

尙ほこの外に一つ變つて居るのは、議場の整理である。英國の議會では議員は帽子を被つた儘、議事に參加して居るが、府會では議事中帽子を被ることを許さない。而して議長が起立した場合には、發言者は着席して全員沈默を守らなければならぬ。その上一八八九年ロンドン府會が初めて出來きたときの議事規則によつて、發言の時間が制限せらるゝことゝなり、何人も府會の同意なくして十五分以上發言することを許されない。尙ほ議長は問題外の言論を繰返し、若くは尾籠な言辭を弄するもの、又は議場の秩序を紊るゝものに對しては發言を停止し、制止を肯ぜざるに於ては、之に退場を命ずることを得るやうになつて居るので、わが國の市會などに比して、議長の權力が遙に大きい。

第五章　府會の委員會

一

　ロンドン府會の組織は前に述べた如くであるが、府會はたゞ施政の一般的方針を決定するのみであつて、行政上の實務を掌るものは各種の委員會である。この點はロンドン府會も英國の他市の市會と異る所はないが、一般市會に於ては委員會の凡ての行爲と議事は市會の協賛を求めなくてはならぬのに反して、ロンドン府會の委員會については、煩雜なる手續を避くる爲めに、條例を以て輕微の事件については、府會の承認を要せぬことを規定して居るから、その權限は一般の市會より遙に廣い。

　ロンドン府會は毎年三月に開かるゝ最初の會議に於て、議長、副議長、議長代理を選擧せる後、直ちに各種の常設委員を選擧しその部署を定める。委員の選擧に際して、ロンドン府會は他の一般の市會よりも、政黨の勢力に支配せらるゝことが多い。直接公企業に關係ある委員の選擧に於て特に然りである。何となればかゝる委員會の委員の多数が、府會の多數と意見が一致しない場合には、圓滑に府會の政策を行ふことが不可能であるからである。それ故に從來も急進黨が府會に於て勢力を有するときには、重要なる委員會に於ける委員の多數が、その黨派關係の人々から選ばれ、之と反對に改革黨が多數を占めた場合には自黨から多く委員を出すことに意を用ゐたのであつたしかし概して云へば、委員の選擧については主として人物に重を置くの例とし、府參事會の選擇に際しても、また委員會の組織についても、少數黨の議員を適當に配合することになつてをる。(1)

かくして委員會の成立するや、府會議長は各委員會を召集して、府會に於て委員長の選擧を行ふ。而して委員長の決定するまで議長は各委員會を主宰する。委員長は常に委員會を主宰し、委員會を通過せる案に署名すると共に府會に之を報告し、之れが說明及び辯護の任に當らなければならぬ。而して委員長は府會と委員會との間の連鎖を爲す點に於て重要の地位を占めることは云ふまでもない。

二

一般の職務及勢力の點に於て、ロンドン府會の委員會はその他の市會の委員會と餘り異る所がない。委員會には府の有給吏員が出席するのを例とする。委員會は最終の決定權を有しない。府會に對して報告を爲し、忠告を與ふるに過ぎない。しかし大概の塲合、委員會の意見が府會に於て採用せらるゝから、從つて彼等は府政の上に勢力を有することになるのである。委員會は府の事務に關して如何なる吏員をも任命する權限を有しない。しかしながら吏員の任命に關しては、府會はその事務に關係ある委員會の意見に聽いてこれを行ふのが例となつて居る。又土木事業に關しても、請負契約の取極め、物品の購入等のことは、凡て府會の權限に屬するのであるけれども、實際その局に當るものは委員會である。無論或る塲合に於ては、府會は委員會の意見を斥くることもある。しかしかゝる

場合は極めて稀である。（2）

原則として常設委員會は夏期休暇以外、少くとも月に一度開會しなくてはならぬ。各常設委員會は開會前少くとも二十四時間前、會議事項を記載せる通知書を委員に郵送することによりて、市會の書記長によりて召集せられる但し議長又は四名以上の議員から書面による要求あるときは臨時開會することが出來る。

三

以上はロンドン府會の常設委員會に關する極めて大体の說明であるが、委員會の制度は英國の地方議會殊にロンドン府會の特徵であるから、茲にその重なるものについて、少しく之を述ぶることにする。（3）

（一）財政委員會（the Finance Committee）　はロンドン府の財政を管理統制する任を有するので、常設委員會中最も重要の地位を占むるのである。財政委員會は法律の規定に基いて必ず設けなくてはならぬので、その委員數は十二名より少なからず十五名より多からずといふことになつて居る。財政委員會はその年度の豫算を準備してこれを府會に提出する外にも、府會の承認を經て府稅の徵收賦課について責任を有するロンドン內の市區、救貧管理局及びその他の自治体に對して發する徵稅命令の額を決定する。財政委員會は府の公債基金、減債基金、府債の利拂、起債、借入金、剩餘金の處分等について、凡て之を府會に報告すると共に、他の下級自治体からの起債の申込を考慮し、之れが取極の世話までもしなければならぬ、財政委員會は時々租稅その他に關して收支の計集書を準備して之を府會に提出しなければならぬのみならず、府有財産の收入と在庫品の檢査を監督し、老廢基金及びロンドン府の保險基金を管理しなければならぬ。その外にも財政委員會は一九〇五年の法律(the London County Act 1905)によりて、三百萬ポンドは超えさる範圍に於て、剩餘資金を府會の議を經ずして、一時必要な事業に貸出し得ることの權限を委任せらるゝに至つた。尙ほロンドン府に於ては、一般會計に屬する事業資金が財政委員會の管理の下に置かる爲めに、之れが支出については一々財政委員の署名を要するのみならず、例へば電鐵經濟の如き、敎育費の如き、又小住宅取得資金の如き特別會計に屬するものまでも、財政委員會の管理の下に置かるゝので、財政委員會がロンドン府政の上に絶大の權力を有するに至るのは、蓋し自然の勢である。

(二)敎育委員會(the Education Committee)も亦法律の規定によりて必ず設けなければならぬ委員會の一であつて、三十五名の府會議員と、府會議員以外から府會に於て選出せられたる五名の婦人の外に、府會の議長、副議長、議長代理を加へて、四十三名の委員から成る。敎育委員會は、敎育行政の重大問題もしくはその根本政策を決定する以外には、凡ての敎育上の事務について、殆んど完全に近かい自治權を有して居るのであるが、この委員會は秘密會であつて傍聽を許さない爲めに非常に非難が多い。

(三)總務委員會(the General Purpose Committee)は府最高の人事行政に關する委員會であるが、それは府會に於て選擧せられたる十名の委員の外に、各常設委員から一名づゝ選出する委員から成る。總務委員會は各常設委員會及び各部課の事務の取扱振、並に重なる吏員の任命、俸給、職務に關する必要なる凡ての問題を府會に報告し、各委員會の議事規則及び關係法規の改良について意を述べ、且つ首府水道局、テームス河保存局その他の自治体との共同委員會に府會から委員を出すに當り、その人選を府會に推薦するの任に當るのである。

（四）調査委員會（the Local Government, Records and Museums Committee）原名は隨分長たらしい委員會であるが、それは要するに各種の統計調査を司る委員會に外ならない。委員數は十名乃至十二名であつて、年々府から發行するロンドンの統計及び定期刊行物を監修し、慈善、給與、歴史的建築物及び古蹟を調査して府會に報告すると共に、府會に屬する圖書館、博物館、古文書、遺蹟等の保管に任ずる外にも、左の事項に關して調査を遂げ、之を府會に報告するの義務を有して居る。

（一）ロンドンの市制
（二）ロンドンに關係ある國税及地方税
（三）府內に於ける私立會社及び公企業の租税の負擔
（四）府內に於ける個人及び下級團體の間接税の負擔
（五）府及び國會議員、府會議員選擧區の境界變更及び整理、府會議員の數
（六）救貧區の境界、救貧區聯合の配置分合
（七）道路の管理權に關する問題、財產に對する課税の問題

（五）調度委員會（the Works Committee）八名の委員より成り、主として物品の購入、請負契約のことを掌る。

（六）劇場及び音樂堂委員會（the Theatre and Music Halls Committee）は十二名の委員より成り、劇場、音樂堂そ

の他娯樂場に對して免許を與ふるの權限を有して居る。かくして委員會は劇場、音樂堂、舞踊場、競馬場等に關しての出願を調査し、府會の承認を得て、その規則を作る外、視察員を派遣してこれが檢査を爲すの權限を有して居る。

(七)養育院委員會(the Asylum Committee)は三十名乃至三十五名の委員より成り、凡てのロンドンの養育院の管理監督を爲す。

(八)庶務委員會(the Establishment Committee)十名の委員より成り、吏員を督督し、集會その他に要する萬端の設備を司る。

(九)警備委員會(the Fire Brigade Committee)十名乃至十二名の委員より成り、ロンドンの消防を管理する。

(十)道路委員會(the Highways Committee)十二名乃至十五名の委員より成り、ロンドンの交通を管理する。府内の幹線道路を初め，地下道及び府設の橋梁はいづれも同委員會の管轄の下にある。

(十一)土木委員會(the Improvements Committee)は十二名乃至十五名の委員より成り、主として街路の改良と、橋梁渡船を含む交通路の敷設を掌るのであるが、府會に屬する不用土地及び建物の賣却及び賃貸も、亦同委員會の管理に屬する。

(十二)下水道委員會(the Main Drainage Committee)は十名乃至十二名の委員より成り、ロンドンの下水幹線に關する凡ての事務を行ふ外にも、之に附屬する凡ての財產及び機械を管理する。

(十三)河川委員會(the Rivers Committee)　テームス河保存局の六名の府會代表者とリー河保存局の二名の府會代表者の外に七名の府會議員を加へて、十五名の委員より成り、テームス及ひリー河、ドック會社、洪水の汎濫防止等に關する凡ての問題を取扱ふ。

(十四)公共衛生委員會　十名乃至十二名の委員より成り、ロンドン府の公共衛生事務の外に、市區會の衛生行政及び衛生吏員を監督する。

(十五)公園委員會(the Parks and Open Spaces Committee)　は二十名乃至二十五名の委員より成り、ロンドン府に屬する公園、花園及び空地を管理する。

(十六)權度委員會(the Public Control Committee)　十名乃至十二名の委員より成り、度量衡の外に、瓦斯メーター、店舖の取締規則を檢査し、自動車、電話、市場、給水、煤煙等の調査を爲して府會に報告する。

(十七)住宅委員會(the Housing of the Working Classes Committee)　は十二名乃至十五名の委員より成り、勞働者住宅法の規定の下に住宅に關する問題を府會に報告すると共に、住宅に關する設計畫を準備し、右の設計にして議會に於て採用せられたる場合には、これが實行に從事する。住宅委員會はその外にも不健康區域の整理に關して一八九一年の法律によりて與られたる權限を行ふ。

(十八)建築法委員會(the Building Act Committee)　は十二名乃至十八名の委員より成り、ロンドン住宅法の下に建築に關して府會に與へられたる種々の權限と義務を行ふ。卽ち建築法委員會は一般の建築物の外にも、臨時の建造物、危險家屋、スカイサインス、障害物及び家主の權利等に關して、府會の條例を施行し下級裁判所に訴を起すの權利を與へられておる、但し府會の特別の承認なくして、高等裁判所に上告することを許されない。

（十九）訴願委員會（the Appeal Committee）　は七名の委員より成り、一八五五年の The Metropolis Management Act 及びその他議會の法律の規定に基いて府會に對して起されたる訴願を處理し且つ之を裁決する。

（二十）議會委員會（the Parliamentary Committee）　は十四名の委員の外に八名以內の國會議員（府會議員にして國會議員たるもの）を加へたるものより成り、ロンドンに關する凡ての法案及び準備命令（Provisional Orders）を考慮して、之を府會に報告する。而して必要な場合に於ては、府會の爲め請願もしくは反對の請願を準備し、倂せて府會から議會に提出せんとする各種の議案の手續を爲す。而して同委員會は議會に提出する私の請願と準備命令の爲めに年々莫大の金を使ふ。

（1）　Munro, The Goverment of Europe.n Cities. p. 359.

（2）　Ibid. p. 360.

（3）　Hirst. pp. 109—123.

第六章　府會の職務權限

一

ロンドン府會は一般地方縣會の有する凡ての權限を有する外にも、縣會の有せざる多くの權限を有して居る。斯くしてロンドン府會は、首府の公共衞生に關して地方行政廳であり、ロンドン府內の下水道幹線を處理すると共に、(1)多數の衞生視察員を指揮監督して、工場及び過群居住地を訪問せしめ、且つ又多數の婦人健康訪問委員を使用して幼兒の發育保護につき母に注意を與へる。府會は首府の道路の管理者であつて、ロンドン舊市の管轄に屬する以外の幹線道路と橋梁を管理維持する外にも、その區域內の街路改善の任に當つて居る。ロンドンのストランドとホーボンを繋ぐキングスウエー街及びウオルウツチ、ローザーハイズのテームス河底の隧道は、ロンドン府の爲した近年の大事業であつた。

二

貧民窟の整理と勞働者住宅の建築はロンドン府會の大事業であつて、府會は之れが爲めに巨額の費用を投じて、トウチング、タテナム、(2)クロイドン、ハンマスミス及其の他に大なる地所を買取り、小さな庭園を有する多數の勞働者住宅を建築した上にも、ドルーリーレン、クラレツトマーケツト、デツドフオード等に宏大なる勞働者の模範宿泊所を建築した。而して此等の宿泊所たるロートン卿が一八九二年に創設した有名な六つの宿泊所"Rowton Houses"に倣つたもので、僅に六片若くは七片にて何人も自由に炊事場と讀書室を使用し、心持よく宿泊のできるやうになつて居る。府會は又首府に於ける公園及び廣場の管理者であつて、その管理に屬する公園廣場の數既に百十八に達し、その面積五千エーカー(六百萬坪以上)に及むで居る。たゞロンドンで有名な公園例へばハイドパーク、ケンジントン・カーデン、グリーン・パーク、センドゼームス・パーク、リーゼント・パーク、リッチモンド・パーク、ハンプトン・コート・パレス等の如きは所謂王室公園(Royal Park)であつて、直接議會の所管に屬し、ロンドン府會に關係がない。

三

その外にもロンドン府會は、其區域の內外に渉りて電車を經營し、目下其の線路の延長百六十五哩に及び車臺の數一千八百臺に上つてゐる。(3)ロンドンの消防は府會の司る所であつて、甚だ良好な成績を擧げて居る。それから又首府の建築條例を定めてこれを施行するのもロンドン府會の權限であつて、府會は道路の幅員を定め、且つ新築の家屋が火災を防止するに充分の設備を有するかを檢査する。一八八八年以來府會は首府の敎育行政廳となつたが、其後の法律によりてその權限は益々擴張せらるゝに至つた。斯くして一九〇二年と同三年の法律によりてロンドンの學務局が廢止せられ、ロンドン府會は首府に於ける敎育の行政廳となり、更に一九〇六年の法律により府會は一磅について半片を越へざる範圍に於て、貧民兒童に食物を供給することを許され、一九〇七年の法律によりて、小學兒童の体格檢査を爲すの義務を有すること、なり、一九一〇年の法律によりて、彼等將來の職業に關して男女の生徒に、報告と忠言と援助を與ふることになつた。而して府會は以上の重大任務を果す爲めに、敎育委員會（Education Cmmittee）を設けて居るが、委員會は卅八名の府會議員と十二人の敎育專門家（府會議員以外）から成り、この機關の下に、殆んど六百の府立小學校（Provided）と四百の私立（Nonprovided）小學校が活動し、二萬人の敎師によりて七十五萬の兒童が敎育を受けて居る。尚ほこの外に第二次敎育として府會は工手學校、師範學校、盲啞學校等を經營して居るが、ロンドン府會が年々敎育にのみ費やす金額は六百萬磅の多きに達し、其のうち五百萬磅は小學校の經費に當てられてゐる。

（1）ロンドン府會が是迄下水道の幹線だけに投じた金は千五百萬磅に達したといはれてゐる。（The Municipal Year Book 1928）

（2）職爭前府會は住宅經營の爲めに府の内外に於て多くの土地を取得して之を開拓した。而してそのうち最も重要なのはハンマースミスのオールド・オーク・ヱステートとタテナムのノルバリーヱステートとホワイト・ハート・ヱステートである。戰後之に加へて府會はビコントリー（ヱセツキス）に一萬二千戸、ベリンガム（レウヰスハム）に二千戸、ダウンハム（ブロムレー及びレウヰスハム）に三千戸、ロエハンプトン・ヱステート（プトニー）に一千二百戸、ワルチング・ヱステート（ヘンドン）に一千二百戸、カッスルナウ・ヱステート（バーネス）に六百戸の家の建てた。而して尚ほその上にも府會は、首府の不健康地域を整理して、その跡に多くの貸家を建てた。（Ibid.）

（3）Ibid.

第七章　府の財政

ロンドン府の歳入は(一)國庫補助(二)公企業及び手數料罰金收入(三)公園ボート收入(四)府税等であるが、今一九二八年の統計に據つて之を示せば左の如くである。(1)

歳　入

一、一九二七年四月一日繰入		一、四九七、〇五四(磅)
二、政府の補助		
大藏省補助	四四三、五九五(磅)	
敎育費補助	五、九五三、五九五	
消防費補助	一〇、〇〇〇	
肺結核療養費補助	八一、四八〇	
低能兒敎育費補助	一一一、四九〇	
花柳病補助	六九、八八〇	
失業者補助	六六、三一五	
道路基金徴收費補助	七八、九一〇	
農業税法に依る補助	二、一四〇	
道路基金補助(橋梁、墜道、河堤の維持に對して)	二五、三六五	
其他	九、三三九	
		六、八九一、九〇二

三、勞務及基金收入　二、三〇四、二二〇
　基金利子　一、二三四、五〇〇
　賃貸料　三〇二、三三五
　改良施設手數料　一、三五〇
　其他　一六、一三五
　寄附、手數料、罰金　七四九、九〇〇
四、公園のボート計算からの移入　一、四九〇
五、府税收入　一〇、八八九、九〇七
　一般府税　三、九二六、三七〇
　敎育税　六、二一一、八七二
　特別府税　七五一、六六五

二一、五八四、五七三

次に歳出の重なるものを擧ぐれば左の如くである。(2)

歳出

一、公債及借入金償却　三、四五七、三六四(磅)
二、救貧管理局其他への補助　七五八、一三八

三、府外の幹線道路補助	二一二、一四〇
四、養老年金	二七二、一〇〇
五、事務費	二九九、〇六〇
六、裁判所費	六九、五八五
七、國會費	一二、八〇五
八、重なる事業費	
下水道費	五五六、六一〇（磅）
消防費	七一一、四二五
公園及空地費	三五一、〇一〇
橋梁、墜道、渡船、河堤	一五〇、二四五
精神病院費	一五二、七八〇
検死官	二六、六四五
パブリツクコントルサーヴヰセス	六六、〇一〇
衛生費	一九、二五五
肺療養費	一五九、六一五
花柳病	九四、一七五
建築法費	四三、〇四五
遊動病院費	五一、五四五

低能兒教育費	二四三、三四〇	
道路基金及地方税徴收費	九八、七三〇	
雜	一一四、一一五	
		二、八三八、五四五
教育費	一一、九七五、三四五	
		一四、八一三、八九〇
九、臨時費		八一、〇〇〇
		一九、九七六、〇八二
十、他經濟へ組入		三二七、二八五
		二〇、三〇三、三六七
十一、一九二七年三月卅一日繰越		一、二八一、二〇六
		二一、五八四、五七三

（1） Whitaker's Almanack. 1928.

（2） Ibid.,

第八章　府吏員

一

英國の多くの都市に於ては、困難なる問題殊に技術上の問題を解決せんとする場合に、有給吏員の助言に待つことになつて居るが、ロンドンに於てもそれは同じことである。ロンドン府の初めて出來きたときには、餘り有給吏員に重きを置かなかつた。それは一八八八年前に於て、首府工務局の有給吏員が非常に勢力を有し、その勢力を濫用したので、之に對する一般の反感が强かつた爲めである。然るにその後に至つて、委員會が有給吏員の助を籍る傾向が漸次增加した。それは委員會の委員長中には、長くその職に留らざるものがあり、その擔任事務に熟達する機會が得られなかつた爲めである。而してこれは好都合なことであつた。何となれば英國の委員制度が好成績を擧ぐるに至つたのは、府政上の事務が實際各部の專門家の手によつて行はれる爲めであつたからである。(1)

府の有給吏員の重なるものは凡て府會によりて任命せられる。而して彼等の凡てが府會の多數投票によりて罷免せられる。しかしロンドンに於ても英國の諸市と同じく、公の職は公の信賴によるべきものであるとの信念と輿論の力が强い爲めに、官職分主補義の行はるゝことは極めて稀であつて、不都合のない限り、終身若くはその仕事の完成するまで、勤務するのを例とする。(2)

二

府會が吏員を採用する方法は本人の志望により、委員會の推薦によりてこれを行ふ。而して委員會が以上の人選を爲すに當つて、政黨的勢力の働くことも、ロンドンは他の諸市に比して多い。しかしながらこれが爲めに他の資格を無視し、單に黨派的見地のみから人を採用する如きことはない。たとへ委員會は黨派關係で人を採用せんとしても、採用についてはその推薦が正當であることを立證する根據がなくてはならぬ。而してそれには志願者の個人的資格如何が最も肝腎であるから、決して無暗な人選を許さない。

府の下級吏員の任命は府會によつてゞなく、庶務委員會もしくは各委員會の委員長との協議により、各部課長に於て之を行ふ。時としては府會議員が、選擧區民の好意を買ふために、吏員の人選に關して各部課長若くは各委員會の委員長に壓迫を加へることがないでもないが、英國の市會は斯る干渉を最も耻づべきことゝして居る。それであるからかゝる壓迫が有効に拒絶せらるゝのが常である。かくして多數の從業員を使用する電鐵部長等に對して府會議員が紹介や推薦の勞を取ることがあるけれども、それが大して利目があるやうにも思はれない。ロンドンの電鐵部長が從業員を採用するについては、私設會社の部課長と同樣全く自由である。府會は從業員の最低賃銀、勞働時間、制服等に關して一般的規則を設けて居るけれども、従業員の任免、その他實際の事務については全く之に干渉しない。これはその他の部課に於ても同じことである。(2)

三

府の吏員中その主位を占むるものは府會書記長(the Clerk of the Council)である。一八八八年の法律はこの種の吏員を置くことについて何等規定する所なく、たゞ各委員會の副委員長は吏僚の職務を行ふべきことを規定せるのみであつた。しかしその後に至つて普通の書記以外に、重要の職務を執る吏員を置くことの必要が痛切に感ぜらるに至つた。そこで一八九六年に府會書記長の職を設くることになつたが、今日ではそれが圓滿に府會の事務を進捗せしむるに缺くべからざる極めて重要の職務となつた。

次は財務部長(Comptroller)であつて、府の財政事務に關して一般的の監督權を有してをる。その點は一般市のTreasurers と異る所はない。しかしロンドンの場合に於ては、事務も極めて多端であるだけに責任も重い。殊にロンドン府と廿八の市區との間の複雜なる關係と府の巨額な負債は、ますく財務部長の職をして重要ならしめた。これに加ふるに財政委員會の權限に屬する事務にして、財務部長に委任せらるゝものが多い爲めに、自ら大なる勢力を有するに至つた。

土木部長(the Chief Engineer)も亦重要な職務である。府の土木事務は凡て彼の所管に屬するのであるが、幹線下水道の監督はそのうち最も重要なものであつて、それだけに數千人の從業員を使用して居る。その他新道路の築造、府の橋梁の維持等も重要なるものゝ一である。

その他有給吏員中にソリシター、建築技師、醫員、公園部長、消防長、電鐵部長、住宅部長等がある。而して此等各部の吏員は次の如く七階級に分かれて居る。(3)

(一) 部　長 (Heads of Departments) 年俸六百ポンド—二千ポンド
(二) 主席補佐 (Principal Assistant) 四百ポンド—五百ポンド
(三) 上席補佐 (Senior Assistant) 三百ポンド—
(四) 一級補佐 (First-Class Assistant) 二百四十五ポンドまで
(五) 二級補佐 (Second-Class Assistant) 二百ポンドまで
(六) 三級補佐 (Third-Class Assistant) 百五十ポンドまで
(七) 四級補佐 (Fourtti-Class Assistant) 百ポンドまで

(1) Munro, p. 361.
(2) Ibid., pp. 362—363.
(3) Ibid., p. 366.

第九章　ロンドン府の市區

一

ロンドン府を組織するものは、ロンドン舊市の外廿八の吏區 (Boroughs)(1) であることは前述の如くであるが、その中十七はミツドルセツキス縣にあり、七はサセツキス縣にあり、四はケント縣にある。市區の大小も非常に不同であつて、或はホーボンの如く人口五萬人の處もあれば、イスリントン及びワンズウオースの如く人口三十萬以上の處もある。住民の業體も市區によつて著しく異り、或る市區に於ては住民の九十パーセントまでは勞働者であるのに反して、或る市區に於ては全く中等階級から成るものもある。而して市區の或るものは政治的自然の單位であるに對して例へばラムベスの如く何等共通の利害關係を有せざる地區の人爲的結合に過ぎないものもある。斯くして或る市區に於ては、一人につき五磅若くは六磅の不動産課税價格を有するに過ぎないのに對して、例へばウエストミンスターの如く一人につき四十磅の課税價格を有するものもある。(2)

(1) ロンドン府を組織する Borough は自治體たる市には相違ないが、他の市と異り區に類するものがあるから、假りに之を市區と譯する。

(2) Attlee, Metropolitan Borough Councils, p. 2.

二

ロンドンの市區には、市長と市參事會員と市區會議員があつて、市會を組織することは、ロンドン府會及その他の市會の場合と異る所がない。市長は毎年十一月九日一年の任期を以て市區會に於て選擧せらるゝ。但し再選せらるゝを妨げない。市長は市區會の多數黨によりて選擧せらるゝのを常とする。市長は原則として無給であるが、或る場合に二千ポンド程度の交際を受くることがある。市參事會員の數は、市區會議員の六分の一と定められ、市區會に於て選擧せらるゝ。市參事會員は或る時は市區會の功勞者から選ばれ、或る時は次點で落選せし候補者から選ばれ又或る時は永く社會の爲めに貢献せる人々の中から選ばれる。市參事會員は六年の任期を以て選ばれ、三年每に交代する。市區會議員は三年每に三年の任期を以て十一月一日を以て選擧せらるゝが、選擧の條件は一般の市會の場合と異る所がない。市區會議員の數は、市區の大さに從つて三十名から六十名までゝある。

市區會も他の多くの自治體と均しく、委員會によりて事務の大部分を行ふ。委員會は十名乃至二十四名の委員から成り、委員長之を主宰する。委員會は出來るだけ市區會の構成分子を反快せしめるやうに組織せらるゝ。市區會議員は、何れの委員會にも出席する權利を有し、又委員長の許を得て事務のみに關與することが出來る。委員長は職務上當然各委員會の委員であり市の吏員はその職務に關係ある委員會に出席するも、その要求によつて何時にても委員會を退席しなくてはならぬ。

市區會にも各種の委員會はあるけれども、法定の委員會は財政委員會（The Finance Committee）あるのみである。地方制度改正法の規定によりて、如何なる金錢案も、財政委員會によりて提前せられたるもの以外、市區會は之を討議することを許されない。この規定の結果として、凡て財政に關する決議は、財政委員會を通過しなければならぬ。而して最も重なる會議事項は、財政委員會にを通過しなければならぬことになるのである。各委員會の議事は市區會議員に配布せられ、委員長は市區會に於て、之れが說明辯護の地位に立たねばならぬことも、ロンドン府會を初め他の市會の場合と異る所がない。

三

市區の權限は大體に於て他の地方に於ける市の權限に似て居るけれども、ロンドン全體に關するものは、ロンドン府の權限に屬する關係上他の市に比してその權限は狹い。例へば敎育、幹線下水道、幹線道路、街路の改良、建築法の施行等は、ブラッドフオールド、バーミンガム等の市の場合に於ては、凡てその市會の權限に屬するのであるが、ロンドンの市區の場合に於ては、それがロンドン府會の權限に移つて居るので、市區會はこれを管理維持する權限を有しない。加之、市區の起債に關しては、ロンドン府會の認可を得なければならぬので、市區會の權限は多くの場合、その區域内の道路の鋪装、點燈、掃除、汚物の除去、戸々の下水設備、搾乳場の檢査、不良食物の取締等に限定せられて居る。併しウエストミンスターの市區の如き富區に於ては、市區自ら勞働者の住宅を經營したり公共浴場や博物館を管理維持して居る所もある。(3)

併しそれにも拘はらず市區は極めて一つの重要なる職務を有して居る。それは各市區はロンドロ舊市の如く首府に於ける唯一の課税及び徵税の機關であることである。英國の首府に於てはロンドン府會も及びその他の政廳も自ら其の費用徵收の任に當らない。一八九九年の法律によりて各市區の議會は、その區域内の凡ての區の租税の徵收機關であつて、年々半期に一般税と稱する地方税を徵收し、それを以て自己の經費に當たると共に、ロンドン府會

及び首府の他の政廳の經費に當てることになつて居る。(4)

(3) Swann, London Citizenship. 56.

(4) Ibid., p. 57.

四

斯くしてロンドン府會及び其他の首府の政廳は、所要の經費について徴税命令書を交付すれば、市區の議會は之に據りて其市區內に於て一般税を徴收し、之を市會其他の政廳に提供しなければならぬ。其結果市區は毫も自分の發言權のない他人の使ふ金を集めることになるので、市區には不平が多い。加之一般税の率は市區によりて著しく違ふ。斯して貧區に於ては救貧事業に充つる經費が嵩む結果、税率が非常に高いのに反して、ウエストエンドの如き貧民の少ない所では、税率が非常に安くなり、租税の負擔の上に大なる不公平を來した。(5)

例へばロンドンの最貧區たるベスナル・グリーンではレートが一磅につき十四志十片であるのに、富區である所のウエストミンスターでは、レートが一磅につき九志九片に過ぎない(一九二四年)の如きはその例である。そこでこの不公平を矯める爲めに、一八九四年に至りてロンドン税率均分法(the London Equalization of Rates Act 1894)を發布し、行政ロンドン全體を通じて、府會が一磅につき半期に三片の税を徴收し、之れを以て府會に税率均分基金(the Equalization Fund in London)を設け、各區の夜の人口に應じて之をロンドン舊市と各市區に分配することにした。その結果例へばロンドン舊市の如きは、十五萬五千磅を均分基金に納めて、それから五千磅の分配を受くることになつた。(6) この法律は幾分負擔の不公平を矯正することが出來きたけれども、未だ十分徹底しない爲めにいま尙ほ議會の委員會に於て調査中である。(7)

(5) Municipal Year Book, 1925.

(6) Ibid.,

(7) 尙ほロンドンの市區に關しては Hirst, pp. 98—101, 及び Munro, pp. 323—377 參照

五

尙ほロンドンの市區に關して一言すべきは、市區會が他の行政機關又は自治體に代表者を出すことである。かくして例へは、ロンドンの敎育行政は全部ロンドン府會の司る所であるけれども、ロンドンの市區が公立學校の管理者の三分の一、私立學校の管理者の六分の一を任命するの權利を有する如き、又首府水道局の委員六十八名中、ロンドン府會は十二名、ロンドン舊市は二名、周圍部の市區會と市街地郡會が十四名、接續の縣會が五名の委員を出すに對して、ロンドン市區會が二十九名の委員を出す如きはこの例である。

その外にもロンドン市區會は、一九〇五年の失業勞働者法の規定に基づき、ロンドン中央失業救濟局に附屬する所の地方失業救濟委員を任命し、歐洲大戰の結果その成立を見るに至つた地方食料委員會（The Local Food Committee）と地方暴利取締委員會（The Local Profiteering Committee）の外にも、養老年金委員會に對してその代表者を送る權利を有してゐる。

第十章　其他の自治體

救貧區聯合

以上の外ロンドン府内には三十一の救貧區聯合（Poor Law Unions）がある。而してその各聯合には救貧管理局（The Board of Guardian）と稱する機關があつて救貧行政のことを司つてゐる。然るに此等の聯合は、一八三四年以來設けられたものであるが、一八九九年に至つて新に廿八の市區がロンドンに設けらるゝに當つて、立法者は救貧區聯合と市區との關係を十分考慮しなかつた。それが爲めに救貧區聯合の區域と、市區の區域とは大体に於て一致するに拘はらず、例へばステツプニーの市區は三つの救貧區聯合を包有し、ワンズウオースの市區は二つの救貧區聯合を包有するが如き場合を生じ、一ッの市區に住するものにして、一方にはその市區の市税を負擔する外に、他方には他の救貧區聯合の税をも負擔せざるべからざることになり、大なる不都合を見るに至つた。(1)

そこで救貧管理局廢止の聲が盛んになつて來たが、實際に於てももと救貧管理局に屬した事務の多くは、他の機關の手に移り、管理局の行つて居る仕事は幾許もない。例へば救貧管理局の重なる事務の一つであつた小學兒童の身体檢査は、現に首府の敎育機關である所の行政ロンドンに移つて了つたと共に、老齢者の年金に對する市會の事務も、亦國家自ら行ふことになつた爲めに、救貧管理局の職分は着しく減じたのに加へて、一八七六年に首府精神病院局が設けらるゝに及むで、益々救貧管理局の必要を減ずるに至つた。(2)

(1) Swann, p. 61.

(2) Ibid., pp. 61—62.

首府精神病院局

それから次にロンドンには首府精神病院局(The Metropolitan Asylums Board)と稱するものがあるが、之れは行政ロンドン内に於て、精神病院を初め、肺結核療養所、天然痘病院、眼病院、花柳病院、授産場《ワーク、ハウス》等を經營管理する自治の機關であつて、七十三名の委員より成り、その中五十五人は各救貧管理局より選擧せられ、十八名は衞生大臣の任命に係つて居る。(3)

(3) The Municipal Year Book. 1928; Clarke, The Local Government of the United Kingdom. 1927. pp.489—490.

首府水道局

ロンドン首府の給水事業は最近までは八の私立會社の經營に係つて居つたが、一九二〇年議會は法律を以て首府水道局を設けて、之れに與ふるに給水會社強制買取の權限を以てし、遂に之れが買收を實行した(4)。斯くしてロンドンの上水供給事業は、首府水道局(Metropolitan Water Board)の權限に移つたのであるが、目下その給水區域は五百五十九平方哩（人口六百九十萬）に及むで居る。

首府水道局は上水供給區域（Water London）を構成する所の各自治體から任命せられたる六十六名の議員より成り、獨立の會計を以て給水事務を行つて行くのであるが、水道料金は使用高に應じて之れを徴收せず、家賃に應じて之れを徴收するところにロンドンの水道の特徴がある。英國に於ては家賃が凡て地方税の税率となるのであるが水道の場合に於ても矢張り之れを標準として水道税（Water Rate）を課するのである。以前はその割合は家庭用水に對しては家賃の百分の五以内であつたが、收支償はない所から、一九二一年の首府水道局法により、一九二二年四月一日以後、水道局は衞生大臣の認可を得るに於ては、百分の十の水道税を課し得ることになつた。(5)（百分の八迄は認可を要せず）

（4）倫敦の水道買收に關し會社の要求は五千百萬磅であつたが、市は遂に三千百萬磅で之を買收した。目下水道局の負債は五千二百萬磅であつて、年に支拂ふ利子は百六十萬磅に上つて居る。The Municipal Year Book. 1928.

（5）Ibid.

中央失業救濟委員會

ロンドンに於ける貧民の數を減じ、併せて失營業者を救濟する目的を以て、一九〇五年議會は失業者救濟法を通過し、同法により舊市と各市區と及び各救貧管理局より任命せらるゝ所の委員を以て組織する二十九の失業救濟委

員會 "Distress Committees" を設くると共に、行政ロンドンから選ばれたる四名の委員と、地方院から任命せられる五名の委員と、前記各失業救濟委員會を代表する六十二名の代表者と、及び勞働者の生活狀態に精通する八名の專門家から成る中央失業救濟局 "Central Body" を設けた。(6)

中央失業救濟局の目的は、如何にして失業者を救濟すべきやを講究し、之れに生活の手引を與へるのであつて、此の目的の爲めに、中央救濟局は道路の築造、修繕を爲し、農業殖民地を設け、海外移住民に對して補助を與へることを許されて居る。中央救濟局の歳入は、個人の寄附、政府の國庫補助金であるが、中央救濟局は更に市稅一磅に對して半片を超へざる範圍に於て課稅することを許されて居る。(7)

(6) Swann. p. 66.
(7) Ibid; Clarke. p. 4

警察ロンドン

警察ロンドン (Police London) はロンドンに於ける最大の行政區域であつて、六百九十九平方哩の面積と、七百五十萬の人口を包有する。一八二九年までロンドン市民の生命財產の保護は、舊式の警備番人《ウオツチマン》によりて行はれて居つたが、此年以後今日の如き警察組織が採用せらるゝに至つた。ロンドンに於ては他の自治体と異り、警察權は地方議會に屬せずして、王の任命に係り內務大臣の監督の下に働く首府警視總監(The Commissioner of Police of the Metropolis) の權限內にある。卽ち首府警察は本部を議會附近のニュー・コットランド・ヤードに置いて、總監の指揮の下に二萬一千人の警察官を使つて居るのであるが、首府警察の區域內には、十四の警察裁判所（Police Court）があつて、有給の警察奉行（Magistrate）之れを主宰して居る。首府警察の經費は半額國庫の補助に係り、半額は首府警察區域內に課する警察稅によりて支辨せられる。(8)

（8）Swann, pp. 67—68; London Statistics, 1923—1924, pp. 153—154.

ロンドン港務局

一

ロンドンは世界第一の大都會であると同時に、世界第一の海港首府である。從つてロンドンに於て港灣行政の極めて重大なることは云ふまでもない。然るいそれにも拘はらず、極めて最近に至る迄ロンドンの港灣行政は錯雜混沌を極め、毫も統一する所がなかつた。卽ち河と船渠の監督は幾多の互に衝突し重複する所の機關に屬し、その間に何等の聯絡も調和もなかつた。斯くしてロンドン港の行政を司るものには、先づテームス保存委員會があり、幾つかの船渠會社があり、舊ロンドン市があり、船員組合（The Waterman Company）があり、海事局其他があつて港灣の事に發言するの機能を有して居つた爲めに、一致の行動を取ることが出來なかつた。(9)

二

而して一方に於ては、港灣の浚渫に、鐵道の連絡に、船渠の擴張に、時勢に伴つてロンドン港として爲さねばならぬ改良事業は益々多くなつた。而して此等の事業には巨額の金が要る。併しかゝる狀態の下に於ては、これが到底實行し得られない。然るにこれと同時にロッテルダム、ハムブルヒ、ブレーメン、アントワープ等の競爭港は、着々港灣の改良事業を進めて行くやうになつたので、議會はこれを默視する譯に行かなくなつた。そこで一八〇八年議會は斷乎として此等ロンドン港に關して利害を有する幾つかの機關と團体を打つて一丸となし、ロンドン港務局(The Port of London Authority)を建設した。これは實に大事業であつた。ロンドン港務局は商務省、ロンドン府會、舊ロンドン市會、海軍省、海事局、及び荷揚場所有者、入港稅負擔者、海船の所有者、港灣勞働者の代表者等によりて任命若くは推薦せられた二十九名の委員から成つて居る。(10)

三

ロンドンの港務局に關する法律は、一九〇九年三月三十一日より實施せられたが、この法律に依りて港務局は二千三百萬磅を以て、大會社に屬する船渠、埠頭、倉庫、上屋全部を買取り、此等の中の小さなもの丶みを私有に殘した。次に港務局はこの法律によりて、以前テームス河保存委員會が有して居つた全部の權利、例へば水路の維持改良、港灣の監督、繋船場の設備等を取得し、只テッドントンの上流に於てのみ、保存會の權限を認むること〻なつたと共に、艀船《ライター》、艀人足、水夫の登記及び免許等、昔の船員組合に屬する全部の權限を取得した。斯くして燈臺、水先案内に關することは海事局の事務として、港灣衞生のことは舊市の權限として、一般警察のことは首府警察の職務として昔の儘に殘つた以外には、テッデントからテームスの河口に至るまで六十九哩間の港灣行政は、全部ロンドン港務局の手に移ることになつた。斯くして倫敦港務局は各種の財產と權利の取得に對して、三千百五十九萬磅の公債を發行した上に、今尙ほ莫大な基金を置いて絕えず船渠の擴張並に陸上の設備と、河身の浚渫擴張等に力を注いで居るが、一九〇九年以後これ等の改良事業に投じた金は千萬磅に上ると云はれて居る。併しロンドン港務局は、貨物と船舶に課する稅を財源として公債を募り、之れで經費を支辨して行くから、他より補助を受くる要がない。(11)

(9) Swann, p. 72.
(10) Ibid, p. 73. London Statistics. p. 4.
(11) Swann, pp. 72—74; Londn Statistics. pp. 248—249; Municipal Year Book p. 322—323.

河川保存委員會

ロンドンには此の外にも河川保存委員會と稱する行政機關がある。而して其一つは「テームス」河保存委員會

(The Thames Conservancy)であり、他の一つは「リー」河保存委員會(Lee Conservancy)である。「テームス」河保存委員會は、一九〇九年までは、ロンドン港の行政に關して絶大の權能を有して居つたが、同年ロンドン港務局が出來てから、その首なる職務は之れに移り、今はテッデントンとクリックレードとの間の航行、堰、河船の登記河水の汚損防止、漁業の保護等を監督するに過ぎない。次は「リー」河の保存委員會であるが、同河は東部倫敦の水源地である關係上、同委員會の主にる職分は河水の汚損防止である。(12)

(12) Nunicipal Year Book. p. 322; Clarke, p. 492; Swann, pp. 75—76.

第十一章　混沌たるロンドンの行政

組　　織

一

ロンドン行政組織の複雑多端なることは、既に述べた如くであるが、總括して云ふと、ロンドンには行政ロンドンの内だけでも、左の如き自治体がある。(尤も或るものはこの區域外に渉つて交叉して居るが)(1)

(一)　ロンドン舊市(The City Corporation)

（二）ロンドン府（London County Council）

（三）廿八の市區（28 Metropolitan Borough Councils）

（四）三十一の救貧管理局（31 Boards of Guardians）

（五）首府精神病院局（The Metropolitan Asylums Board）

（六）首府水道局（Metropolitan Water Board）

（七）中央失業救濟局（The Central Unemployed Body）

（八）テームス河保存局（Thames Conservancy Board）

（九）リー河保存局（Lee Conservancy Board）

（十）ロンドン港務局（The Port of London Authority）

併し之れ尚ほ可なりだ。然るにもしそれが大ロンドンの區域に亘る段にあると、以上の外に左の自治體が之に加はることになるので、恐ろしい多數の地方議會と局の堆積重疊を見ることになるのである。

（一）五つの縣（5 County Councils）

（二）九つの市區（9 Borough Councils）

（三）六十二の市街地郡（62 Urban District Councils）

（四）十四の村落郡（Rural District Councils）

（五）五十三の救貧區（53 Parish Councils）
（六）十九の救貧管理局（Board of Guardians）

二

その結果ロンドンの行政は萬事について不便極まるのみならず、それが爲めに甚しく不經濟な狀態に陷つて居る（3）一九〇九年に設けられた政府の道路局の報告を見ても、大ロンドンの區域内には百十八の利害を異にした道路機關があることになつて居るが、斯かる狀態の下に於て、道路に關して統一的政策を定めることの困難であるのは云ふまでもない。その上にも斯く多くの地方廳が分立割據する關係上、其の地方廳は各自幾通りも同じ種類の吏員や視察員を置いて、同じ目的の爲めに異つた建物を使用し、且つ幾重にも印刷費を拂つて行かなくてならぬので、その不經濟なことは何程であるか知れない。

加之、電力の供給はロンドン市民に取つて最も重要な事業である。然るにこれは前に述べたる如く各市區で別々に經營すると共に、その餘のものに於ては私設會社の經營に委して居る。從つてこれより生ずる損失も亦莫大なものがある。それから又交通機關にしても、事實上のロンドンを通じて之れを統一するの必要あることは、何人も認めて居る所であるが、道路の管理者が異る爲めに意見の一致を得ることが難く、郊外に於ける路面電車以外の重なる交通機關は、私設會社の經營となつて居る。そこで、少くとも大ロンドンの區域を一大中央機關の下に置いて、敎育、衞生、公共の救助、下水の幹線、勞働者住宅、都市計畫の如き、全体に通ずる重要の事務をその權限に移し單に局部的なる事件のみをそれを構成する地方團体の自治に委かすのは最も必要のことである。(4)

三

之と同時にロンドンに於ては救貧行政の機關について大改革を行ふ必要がある。前にも述べた如く、行政ロンドンの中に既に三十一の救貧管理局がある上に、周圍部のロンドンには尙その半の救貧管理局があつて、各自自身の吏員を採用し、各自自己の方式に從つて救貧事務を取扱つて居る。而して授産場《ワークハウス》は救貧管理委員局の義務であつて行政ロンドンの事務でないのに拘はらず、行政ロンドンは之れに對して補助を與へなければならぬ。そうかと思ふと救貧管理委員會の上には首府管神病院局なるものがあつて、勝手に救貧區に對して精神病患者、熱病患者等の費用を割當てる。併し矛盾と重複は單に之れに止らない。ロンドン府會は貧民の精神病者に對して、自己の精神病院を經營して居ると同時に、舊市も亦同じく精神病院を經營して居ると云ふ次第である。(5)

四

加之、ロンドンに於ては救貧行政と衞生の行政とが混交して居る爲めに一層複雜を來す。例へば首府精神病院の管理する傳染病院に於ては、貧民とを否とを問はず傳染病患者を收容する一方、ロンドン府會の教育委員會は、貧民兒童の養育（救貧事務）に兼ねて兒童の体格檢査及び療養（公共衞生事務）をも行ふ。その外にも國家がロンドンに中央失業救濟局なるものを設けて、地方税によりて失業者を救濟すると共に、國民健康保險の制度により國税を以て、ある種類の職業に從事する失業者を救濟して居るから、凡てが亂雜多岐で殆んど何が何だか分らない狀態である。從つて大ロンドンの一般行政を統一すると共に救貧制度を根本的に整理することは目下の急務である(6)。

そこで一九二一年十二月に議會は調査委員會を設けて、ロンドンの統一と改良に關して調査せしめたが、多數の意見はロンドン府はその儘に置き、周圍部のみを整理すると云ふことに傾いた。それから一九二三年と一九二四年に同一種類の委員會が設けられたが、舊ロンドン市が昔の特權を振廻して合同を肯ぜないのと、ロンドン府と大ロンドンを構成する各自治体の間には利害が一致しない爲めに、大ロンドンの統一と云ふことは、心あるものは何人もその必要を認めながら、今日尚ほ實行せられずに居る(7)。

（1） Swann, p. 78.
（2） Ibid, p. 80.
（3） Ibid, p. 85.
（4） Ibid, p. 89.
（5） Ibid, p. 94.
（6） Ibid, p. 95.

（7）ロンドンの行政改革に關して一九二一年十月に任命せられた議會の委員會は、一の多數の意見の報告書と二ツの少數意見の報告書を公表した。（English Local Government, Ruskin College, p. 28）

（第一）多數意見の報告書

（一）現行制度の維持

（二）ロンドン及び廿五哩の半徑の裡の交通、都市計畫、住宅、下水道に關して、當該大臣に忠言を與ふるために法律に據る諮問委員會を設くること

（三）ロンドンの周圍の小自治體はその附近の大なる自治體と合併すべきこと

（四）ロンドン府の稅率均分基金を一年八百萬磅に增加すべきこと

（第二）少數意見報告書

（甲）第一少數意見報告書

（一）ロンドンを一定數の特別市に分割すべきこと

（二）水道、下水道、電車等の如き事務は中央行政廳に統轄すべきこと

（乙）第二少數意見報告書

（一）大ロンドンの區域に亘りて凡ての自治體を統轄する一の新なる中央行政廳を設くること

（二）重なる事務の中央集中と稅率均分基金の方法による各自治體間の行政の平等化

（三）各自治體の獨立の保存

（四）大ロンドンを不可分の一單位と看做すべきこと

昭和四年八月二十五日印刷
昭和四年八月三十一日發行

倫敦の市制と市政
金壹圓

檢印

編輯兼發行者　大阪都市協會
大阪市北區堂島濱通四丁目八番地
印刷者　高橋德三郎

高橋印刷所印刷

發行所　大阪都市協會

地方自治法研究復刊大系〔第272巻〕

倫敦の市制と市政〔昭和4年初版〕

日本立法資料全集 別巻 1082

2019(令和元)年7月25日　復刻版第1刷発行　7682-4:012-010-005

著者　小川市太郎

発行者　今井貴
稲葉文子

発行所　株式会社信山社

〒113-0033 東京都文京区本郷6-2-9-102東大正門前
Ⓣ03(3818)1019　Ⓕ03(3818)0344
来栖支店〒309-1625 茨城県笠間市来栖2345-1
Ⓣ0296-71-0215　Ⓕ0296-72-5410
笠間才木支店〒309-1611 笠間市笠間515-3
Ⓣ0296-71-9081　Ⓕ0296-71-9082

印刷所　ワイズ書籍

製本所　カナメブックス

用紙　七洋紙業

printed in Japan　分類 323.934 g 1082

ISBN978-4-7972-7682-4 C3332 ¥20000E

日本立法資料全集 別巻

地方自治法研究復刊大系

旧制対照 改正市町村制 附 改正理由〔明治44年5月発行〕／博文館編輯局 編
改正 市制町村制〔明治44年5月発行〕／石田忠兵衛 編輯
改正 市制町村制詳解〔明治44年5月発行〕／坪谷善四郎 著
改正 市制町村制註釈〔明治44年5月発行〕／中村文城 註釈
改正 市制町村制正解〔明治44年6月発行〕／武知彌三郎 著
改正 市町村制講義〔明治44年6月発行〕／法典研究会 著
新旧対照 改正 市制町村制新釈 明治44年初版〔明治44年6月発行〕／佐藤貞雄 編纂
改正 町村制詳解〔明治44年8月発行〕／長峰安三郎 三浦通太 野田千太郎 著
新旧対照 市制町村制正文〔明治44年8月発行〕自治館編輯局 編纂
地方革新講話〔明治44年9月発行〕西内天行 著
改正 市制町村制釈義〔明治44年9月発行〕／中川健藏 宮内國太郎 他 著
改正 市制町村制正解 附 施行諸規則〔明治44年10月発行〕／福井淳 著
改正 市制町村制講義 附 施行諸規則 及 市町村事務摘要〔明治44年10月発行〕／樋山廣業 著
新旧比照 改正市制町村制註釈 附 改正北海道二級町村制〔明治44年11月発行〕／植田鹽恵 著
改正 市町村制 並 附属法規〔明治44年11月発行〕／楠綾雄 編輯
改正 市制町村制精義 全〔明治44年12月発行〕／平田東助 題字 梶康郎 著述
改正 市制町村制義解〔明治45年1月発行〕／行政法研究会 講述 藤田謙堂 監修
増訂 地方制度之栞 第13版〔明治45年2月発行〕／警眼社編集部 編纂
地方自治 及 振興策〔明治45年3月発行〕／床次竹二郎 著
改正 市制町村制正解 附 施行諸規則 第7版〔明治45年3月発行〕福井淳 著
改正 市制町村制講義 全 第4版〔明治45年3月発行〕秋野沆 著
増訂 農村自治之研究 大正2年第5版〔大正2年6月発行〕／山崎延吉 著
自治之開発訓練〔大正元年6月発行〕／井上友一 著
市制町村制逐條示解〔初版〕第一分冊〔大正元年9月発行〕／五十嵐鑛三郎 他 著
市制町村制逐條示解〔初版〕第二分冊〔大正元年9月発行〕／五十嵐鑛三郎 他 著
改正 市町村制問答説明 附 施行細則 訂正増補3版〔大正元年12月発行〕／平井千太郎 編纂
改正 市制町村制註釈 附 施行諸規則〔大正2年3月発行〕／中村文城 註釈
改正 市町村制正文 附 施行法〔大正2年5月発行〕／林甲子太郎 編輯
増訂 地方制度之栞 第18版〔大正2年6月発行〕／警眼社 編集 編纂
改正 市制町村制詳解 附 関係法規 第13版〔大正2年7月発行〕／坪谷善四郎 著
改正 市制町村制 第5版〔大正2年7月発行〕／修学堂 編
細密調査 市町村便覧 附 分類官公衙公私学校銀行所在地一覧表〔大正2年10月発行〕／白山榮一郎 監修 森田公美 編著
改正 市制 及 町村制 訂正10版〔大正3年7月発行〕／山野金蔵 編輯
市制町村制正義〔第3版〕第一分冊〔大正3年10月発行〕／清水澄 末松偕一郎 他 著
市制町村制正義〔第3版〕第二分冊〔大正3年10月発行〕／清水澄 末松偕一郎 他 著
改正 市制町村制 及 附属法令〔大正3年11月発行〕／市町村雑誌社 編著
以呂波引 町村便覧〔大正4年2月発行〕／田山宗堯 編輯
改正 市制町村制講義 第10版〔大正5年6月発行〕／秋野沆 著
市制町村制実例大全〔第3版〕第一分冊〔大正5年9月発行〕／五十嵐鑛三郎 著
市制町村制実例大全〔第3版〕第二分冊〔大正5年9月発行〕／五十嵐鑛三郎 著
市町村名辞典〔大正5年10月発行〕／杉野耕三郎 編
市町村史員提要 第3版〔大正6年12月発行〕／田邊好一 著
改正 市制町村制と衆議院議員選挙法〔大正6年2月発行〕／服部喜太郎 編輯
新旧対照 改正 市制町村制新釈 附 施行細則 及 執務條規〔大正6年5月発行〕／佐藤貞雄 編纂
増訂 地方制度之栞 大正6年第44版〔大正6年5月発行〕／警眼社編輯部 編纂
実地応用 町村制問答 第2版〔大正6年7月発行〕／市町村雑誌社 編纂
帝国市町村便覧〔大正6年9月発行〕／大西林五郎 編
地方自治講話〔大正7年12月発行〕／田中四郎左右衛門 編輯
最近検定 市町村名鑑 附 官国幣社及諸学校所在地一覧〔大正7年12月発行〕／藤澤衛彦 著
農村自治之研究 明治41年再版〔明治41年10月発行〕／山崎延吉 著
市制町村制講義〔大正8年1月発行〕／樋山廣業 著
改正 町村制詳解 第13版〔大正8年6月発行〕／長峰安三郎 三浦通太 野田千太郎 著
改正 市町村制註釈〔大正10年6月発行〕／田村浩 編集
大改正 市制 及 町村制〔大正10年6月発行〕／一書堂書店 編
市制町村制 並 附属法 訂正再版〔大正10年8月発行〕／自治館編集局 編纂
改正 市町村制詳解〔大正10年11月発行〕／相馬昌三 菊池武夫 著
増補訂正 町村制詳解 第15版〔大正10年11月発行〕／長峰安三郎 三浦通太 野田千太郎 著
地方施設改良 訓諭演説集 第6版〔大正10年11月発行〕／鹽川玉江 編輯
戸数割規則正義 大正11年増補四版〔大正11年4月発行〕／田中廣太郎 著 近藤行太郎 著
東京市会先例彙輯〔大正11年6月発行〕／八田五三 編纂
市町村国税事務取扱手続〔大正11年8月発行〕／広島財務研究会 編纂
自治行政資料 斗米遺粒〔大正12年6月発行〕／樫田三郎 著
市町村大字読方名彙 大正12年度版〔大正12年6月発行〕／小川琢治 著
地方自治制要義 全〔大正12年7月発行〕／末松偕一郎 著
北海道市町村財政便覧 大正12年初版〔大正12年8月発行〕／川西輝昌 編纂
東京市政論 大正12年初版〔大正12年12月発行〕／東京市政調査会 編輯
帝国地方自治団体発達史 第3版〔大正13年3月発行〕／佐藤亀齢 編輯
自治制の活用と人 第3版〔大正13年4月発行〕／水野錬太郎 述

日本立法資料全集 別巻

地方自治法研究復刊大系

日本之法律 府県制郡制正解〔明治23年5月発行〕／宮川大壽 編輯
府県制郡制註釈〔明治23年6月発行〕／田島彦四郎 註釈
日本法典全書 第一編 府県制郡制註釈〔明治23年6月発行〕／坪谷善四郎 著
府県制郡制義解 全〔明治23年6月発行〕／北野竹次郎 編著
市町村役場実用 完〔明治23年7月発行〕／福井淳 編纂
市町村制実務要書 上巻 再版〔明治24年1月発行〕／田中知邦 編纂
市町村制実務要書 下巻 再版〔明治24年3月発行〕／田中知邦 編纂
米国地方制度 全〔明治32年9月発行〕／板垣退助 序 根本正 纂訳
公民必携 市町村制実用 全 増補第3版〔明治25年3月発行〕／進藤彬 著
訂正増補 議制全書 第3版〔明治25年4月発行〕／岩藤良太 編纂
市町村制実務要書続編 全〔明治25年5月発行〕／田中知邦 著
地方學事法規〔明治25年5月発行〕／鶴鳴社 編
増補 町村制執務備考 全〔明治25年10月発行〕／増澤鐵 國吉拓郎 同輯
町村制執務要録 全〔明治25年12月発行〕／鷹巣清二郎 編輯
府県制郡制便覧 明治27年初版〔明治27年3月発行〕／須田健吉 編輯
郡市町村史員 収税実務要書〔明治27年11月発行〕／荻野千之助 編纂
改訂増補鼇頭参照 市町村制講義 第9版〔明治28年5月発行〕／蟻川堅治 講述
改正増補 市町村制実務要書 上巻〔明治29年4月発行〕／田中知邦 編纂
市町村制詳解 附 理由書 改正再版〔明治29年5月発行〕／島村文耕 校閲 福井淳 著述
改正増補 市町村制実務要書 下巻〔明治29年7月発行〕／田中知邦 編纂
府県制 郡制 町村制 新税法 公民之友 完〔明治29年8月発行〕／内田安蔵 五十野譲 著述
市制町村制註釈 附 市制町村制理由 第14版〔明治29年11月発行〕／坪谷善四郎 著
府県制郡制註釈〔明治30年9月発行〕／岸本辰雄 校閲 林信重 註釈
市町村新旧対照一覧〔明治30年9月発行〕／中村芳松 編輯
町村至宝〔明治30年9月発行〕／品川彌二郎 題字 元田肇 序文 桂虎次郎 編纂
市制町村制應用大全 完〔明治31年4月発行〕／島田三郎 序 大西多典 編纂
傍訓註釈 市制町村制 並ニ 理由書〔明治31年12月発行〕／筒井時治 著
改正 府県郡制問答講義〔明治32年4月発行〕／木内英雄 編纂
改正 府県制郡制正文〔明治32年4月発行〕／大塚宇三郎 編纂
府県制郡制〔明治32年4月発行〕／徳田文雄 編輯
郡制府県制 完〔明治32年5月発行〕／魚住嘉三郎 編輯
参照比較 市町村制註釈 附 問答理由 第10版〔明治32年6月発行〕／山中兵吉 著述
改正 府県制郡制註釈 第2版〔明治32年6月発行〕／福井淳 著
府県制郡制釈義 全 第3版〔明治32年7月発行〕／栗本勇之助 森惣之祐 同著
改正 府県制郡制註釈 第3版〔明治32年8月発行〕／福井淳 著
地方制度通 全〔明治32年9月発行〕／上山満之進 著
市町村新旧対照一覧 訂正第五版〔明治32年9月発行〕／中村芳松 編輯
改正 府県制郡制 並 関係法規〔明治32年9月発行〕／鷲見金三郎 編纂
改正 府県制郡制釈義 再版〔明治32年11月発行〕／坪谷善四郎 著
改正 府県制郡制釈義 第3版〔明治34年2月発行〕／坪谷善四郎 著
再版 市町村制例規〔明治34年11月発行〕／野元友三郎 編纂
地方制度実例総覧〔明治34年12月発行〕／南浦西郷侯爵 題字 自治館編集局 編纂
傍訓 市制町村制註釈〔明治35年3月発行〕／福井淳 著
地方自治提要 全〔明治35年5月発行〕／木村時義 校閲 吉武則久 編纂
市制町村制釈義〔明治35年6月発行〕／坪谷善四郎 著
帝国議会 府県会 郡会 市町村会 議員必携 附 関係法規 第一分冊〔明治36年5月発行〕／小原新三 口述
帝国議会 府県会 郡会 市町村会 議員必携 附 関係法規 第二分冊〔明治36年5月発行〕／小原新三 口述
地方制度実例総覧〔明治36年8月発行〕／芳川顯正 題字 山脇玄 序文 金田謙 著
市町村是〔明治36年11月発行〕／野田千太郎 編纂
市制町村制釈義 明治37年第4版〔明治37年6月発行〕／坪谷善四郎 著
府県郡市町村 模範治績 附 耕地整理法 産業組合法 附属法例〔明治39年2月発行〕／荻野千之助 編輯
自治之模範〔明治39年6月発行〕／江木翼 編
改正 市制町村制〔明治40年6月発行〕／辻本末吉 編輯
実用 北海道郡区町村案内 全 附 里程表 第7版〔明治40年9月発行〕／廣瀬清澄 著述
自治行政例規 全〔明治40年10月発行〕／市町村雑誌社 編著
改正 府県制郡制要義 第4版〔明治40年12月発行〕／美濃部達吉 著
判例挿入 自治法規全集 全〔明治41年6月発行〕／池田繁太郎 著
市町村執務要覧 全 第一分冊〔明治42年6月発行〕／大成会編輯局 編輯
市町村執務要覧 全 第二分冊〔明治42年6月発行〕／大成会編輯局 編輯比較研究
自治要義 明治43年再版〔明治43年3月発行〕／井上友一 著
自治之精髄〔明治43年4月発行〕／水野錬太郎 著
市制町村制講義 全〔明治43年6月発行〕／秋野沆 著
改正 市制町村制講義 第4版〔明治43年6月発行〕／土清水幸一 著
地方自治の手引〔明治44年3月発行〕／前田宇治郎 著
新旧対照 市制町村制 及 理由 第9版〔明治44年4月発行〕／荒川五郎 著
改正 市制町村制 附 改正要義〔明治44年4月発行〕／田山宗堯 編輯
改正 市町村制問答説明 明治44年初版〔明治44年4月発行〕／一木千太郎 編纂
改正 市制町村制〔明治44年4月発行〕／田山宗堯 編輯